アジア諸国の子ども・若者は日本をどのようにみているか

韓国・台湾における
歴史・文化・生活にみる日本イメージ

加賀美常美代●編著

明石書店

はじめに

　留学生にかかわる教育を始めてから20年以上たつが、アジア諸国の留学生が抱く日本社会、日本人に対するまなざしには肯定と否定が拮抗するアンビバレントな思いがある。歴史的経緯に端を発する否定的感情については、学生達が授業中も非公式的なおしゃべりの場でもこの話題に率直に触れてくることもあり、日本人学生や日本人教師は戸惑うことがある。

　そうした厳しいまなざしを持つ反面、留学生達は日本の先進技術や漫画・アニメ、テレビ番組、音楽、ビデオ、ゲーム、ファッション、食べ物など日本の大衆文化についても深い関心があり、日本人以上に日本のことを熟知し、日常的に私達があたりまえに見ていた事物、風景、習慣など、気づかない日本の大衆文化の多様性や面白さを教えてくれる。

　しかし、日本の大衆文化が世界中に流布するようになったのは、ここ10数年のことである。台湾や韓国では90年代になるまで政府により日本の大衆文化は禁止または統制されていた。その後、大衆文化の制度的な開放も進行し、解禁となったが、解禁される前から、大衆文化はアジア諸国の間ではかなり流行し浸透していたようである。このように、アジア諸国の人々は日本に対し肯定的感情と否定的感情が混在する複合的な感情を持っている。ここで問題となるのは、歴史的な経緯に端を発するアジア諸国の人々が抱く、日本社会、日本人に対する否定的感情である。アジア系留学生と日本人関係者との認識の仕方においても温度差が生じており、異文化間教育場面でも対人関係において微妙な影響を与えている。

グローバル化の進行がとどまらない現在、このような事態の継続は、アジア諸国の人々の良好な異文化間交流を阻むものである。そこで、本研究では、日本統治の行われた韓国と台湾の小学生・中学生・高校生・大学生を対象に、日本に対するどのようなイメージが、いつ、どのように形成されるか、その背景にはどのような要因が関連するか検討することにした。さらに、肯定的な対人関係を作るためには、異文化間教育場面でどのような実践ができるか検討した。

調査概要については以下のとおりである。まず、2006年度に、全体の研究デザイン、研究枠組みを検討し、研究課題、日本イメージと関連要因に関する仮説の設定を行い、九分割統合絵画法（森谷,1989）を用いた描画と質問票を作成した。2006年度は韓国の蔚山で調査を実施し、小学生から大学生まで430名の協力を得た。2007年度は、台湾の高雄で調査を実施し小学生から大学生まで475名の協力を得た。その後、収集した描画の翻訳と等価性の確認、データ入力作業を行い、ＫＪ法による質的な分析を行った。2008年度は、台湾と韓国の描画の質的分析および質問紙調査の統計的分析を進めた。また、文献研究も進め、背景要因を検討した。2009年度は、台湾と韓国の質的、量的違いを総合的、多角的に検討した。さらにこれらの調査結果を踏まえ、アジア諸国からの留学生との異文化間の葛藤解決をめざすような異文化理解教育プログラムの開発を試みた。

本研究は、2006年度から2009年度の4年間、お茶の水女子大学特別教育研究事業「コミュニケーション・システムの開発によるリスク社会への対応」の異文化間コミュニケーション・プロジェクト（研究代表者：加賀美常美代）の助成金を受けて実施されたものであり、本書は、その研究成果をまとめたものである。加賀美研究室

はじめに

の大学院生を中心とする上述した異文化間コミュニケーション・プロジェクトのメンバーが共同研究を行い、質的、統計的分析したものを論文化した7編の論文と書き下ろし論文2編を収録した。一部、2013年現在と著しく状況が変更した内容については、修正、加筆をした。

　本著の基礎となった論文および書き下ろし論文は次の表のとおりである。

1章	加賀美常美代・守谷智美・岩井朝乃・朴志仙・沈貞美（2008）「韓国における小・中・高・大学生の日本イメージの形成過程—『九分割統合絵画法』による分析から」異文化間教育学会編『異文化間教育』第28号，異文化間教育学会，60-73.	9分割統合絵画法による描画の内容分析
2章	岩井朝乃・朴志仙・加賀美常美代・守谷智美（2008）「韓国『国史』教科書の日本像と韓国人学生の日本イメージ」『言語文化と日本語教育』第35号，お茶の水女子大学日本言語文化学研究会，10-19.	文献研究
3章	加賀美常美代・朴志仙・守谷智美・岩井朝乃（2010）「韓国における小学生・中学生・高校生・大学生の日本イメージの形成過程—日本への関心度と知識の関連から」『言語文化と日本語教育』第39号，お茶の水女子大学日本言語文化学研究会，41-49.	質問紙調査による統計的分析
4章	加賀美常美代・守谷智美・楊孟勲・堀切友紀子（2009）「台湾の小学生・中学生・高校生・大学生の日本イメージの形成—九分割統合絵画法による分析」『台灣日本語文學報』第26号，台湾日本語文学会，285-308.	9分割統合絵画法による描画の内容分析
5章	守谷智美・楊孟勲・加賀美常美代・堀切友紀子（2009）「台湾における日本イメージ形成の背景要因—『日本語』の位置づけに着目して」『お茶の水女子大学人文科学研究』第5巻，お茶の水女子大学，197-209.	文献研究
6章	守谷智美・加賀美常美代・楊孟勲（2011）「台湾における日本イメージ形成—家庭環境、大衆文化及び歴史教育を焦点として」『お茶の水女子大学人文科学研究』第7巻，お茶の水女子大学，73-85.	インタビュー調査による質的分析

7章	加賀美常美代・堀切友紀子・守谷智美・楊孟勲（2011）「台湾における学生の日本イメージの形成―日本への関心度と知識との関連から」『台灣日本語文學報』第30号，台湾日本語文学会，345-367.	質問紙調査による統計的分析
8章	加賀美常美代・守谷智美・岩井朝乃・朴志仙・堀切友紀子・楊孟勲（2009）「韓国と台湾における小・中・高・大学生の日本イメージ形成過程の差異」2009年度異文化間教育学会第30回大会予稿集，146-147. をもとに本書のために書き下ろし	1章から7章までのまとめと総合的考察
9章	加賀美常美代・守谷智美・朴エスター・岡村佳代・村越彩・夏素彦（2010）「奈良世界遺産による異文化理解プログラムの成果と教育プログラム開発」異文化間教育学会第31回大会ケースパネル共同発表，144-145. をもとに本書のために書き下ろし	プログラム開発の実践と評価研究

　質問票の配布と回収については、韓国調査では、韓国の蔚山地区の小学校・中学校・高校の関係教員の方々、蔚山大学校教授の朴周植先生、また、台湾の調査では高雄地区の小学校・中学校・高校の関係教員の方々、樹徳科技大学の朱元祥先生、王賢徳先生、そのほか多くの関係者に協力していただいた。その際、それぞれ学校訪問をさせていただき、本研究の趣旨を校長先生や教頭先生、大学では一部、学長にもお目にかかり説明させていただき同意を得る機会を得た。こうした直接、お目にかかりお話しし、調査研究の理解と同意を得るプロセスも、教育関係者の異文化に対する相互理解を深める上で、重要な機会であったと思う。

　異文化理解の教育プログラム開発では、元奈良教育大学で現福山市立大学教授の田渕五十生先生、中澤静男先生、山下欣浩先生、楊永参さん、ボランティアガイドの方々に多大なる協力をいただいた。このことについても心から感謝を申し上げたい。また、加賀美研究室の大学院留学生にも韓国語、台湾語への翻訳およびバックトラン

スレーション、通訳、配布、回収、資料整理などサポートしていただいた。以上、多くの関係者の皆様には心より感謝し、御礼を申し上げたい。

2013 年 8 月 24 日

編著者　加賀美常美代

目 次

はじめに 3

―――――― **第1章** ――――――

韓国の日本イメージの形成過程
――九分割統合絵画法による分析 …………… 13

加賀美常美代・守谷智美・岩井朝乃・朴志仙・沈貞美

問題の所在と研究目的 …………………………………… 13
方　　法 …………………………………………………… 16
結　　果 …………………………………………………… 17
考　　察 …………………………………………………… 25

―――――― **第2章** ――――――

韓国『国史』教科書の日本像と韓国人学生の日本イメージ ……… 33

岩井朝乃・朴志仙・加賀美常美代・守谷智美

はじめに …………………………………………………… 33
『国史』教科書の日本像 ………………………………… 35
韓国人学生の日本イメージ ……………………………… 43
まとめと今後の課題 ……………………………………… 49

―――――― **第3章** ――――――

日本への関心度と知識との関連からみる
韓国の日本イメージの形成過程 ……………………………… 56

加賀美常美代・朴志仙・守谷智美・岩井朝乃

問題の所在と研究目的 …………………………………… 56

方　法	59
結　果	60
考察および今後の課題	68

―――― 第4章 ――――

台湾の日本イメージの形成過程
――九分割統合絵画法による分析　　72

加賀美常美代・守谷智美・楊孟勲・堀切友紀子

問題の所在と研究目的	72
方　法	74
結　果	75
考　察	83
今後の課題	85

―――― 第5章 ――――

「日本語」の位置づけからみる
台湾の日本イメージ形成の背景要因　　90

守谷智美・楊孟勲・加賀美常美代・堀切友紀子

問題の所在と研究背景	90
台湾における日本イメージ関連の研究	91
台湾における日本イメージの変容過程	95
日本イメージ形成要因としての日本大衆文化の受容	100
家庭環境における日本語の位置づけ	104
まとめと今後の課題	107

第6章

家庭環境・大衆文化・歴史教育から探る
台湾の日本イメージ形成の背景要因 ………… 112

守谷智美・加賀美常美代・楊孟勲

問題の所在と研究目的 ………… 112
研究方法 ………… 115
結果と考察 ………… 116
総合的考察および今後の課題 ………… 131

第7章

日本への関心度と知識との関連からみる
台湾の日本イメージの形成過程 ………… 136

加賀美常美代・堀切友紀子・守谷智美・楊孟勲

問題の所在と研究目的 ………… 136
方　　法 ………… 140
結　　果 ………… 141
考　　察 ………… 148
今後の課題 ………… 152

第8章

韓国と台湾における日本イメージ形成過程の比較と総合的考察 …… 155

加賀美常美代・守谷智美・岩井朝乃・朴志仙・堀切友紀子・楊孟勲

描画による日本イメージの調査結果の韓国と台湾の比較 ……… 155
質問紙調査による日本イメージ形容詞の分析結果の
韓国と台湾の比較 ………… 162

韓国と台湾の日本イメージに関する総合的考察 ………………… 167
まとめ …………………………………………………………………… 175

第9章

奈良世界遺産による異文化理解プログラムの成果と教育プログラム開発 ………… 181

加賀美常美代・守谷智美・朴エスター・岡村佳代・村越彩・夏素彦

問題の所在と研究目的 ………………………………………………… 181
本研究の課題 …………………………………………………………… 185
方　法 …………………………………………………………………… 185
結　果 …………………………………………………………………… 186
まとめと考察 …………………………………………………………… 196

おわりに　202
索　引　206
編著者・執筆者紹介　211

第 **1** 章

韓国の日本イメージの形成過程

―九分割統合絵画法による分析

加賀美常美代・守谷智美・岩井朝乃・朴志仙・沈貞美

問題の所在と研究目的

　昨今、アジア諸国では日本の先進技術やアニメなどの大衆文化の浸透が著しい。特に、韓国では1998年以降、日本大衆文化の制度的な開放が進行し、2004年にはほぼ解禁となった。一方で、日本に対し過去の反省を求めるという根強い批判も行われ続けてきている。こうした韓国人の対日イメージの形成について、櫻坂・奥山（2003）は、過去の日本による植民地支配経験や両国の政治的関係のみにより形成されたのではなく、戦後の学校教育による方向づけやマスメディアによる過去の経験強化、日本の大衆文化の流入による影響など複合的な要因が作用した結果であると述べている。

　韓国の学校教育について言及すると、小学校6年から自国史についての歴史学習が始まり、その中で国難克服の歴史として植民地時代について学ぶという体系的な歴史学習が始まるという（藤村, 2003）。渡辺（1987）による22カ国の歴史教科書の比較調査では、韓国の国定歴史教科書に占める日本に関する記述の割合は14％であり、中国の8.2％、インドネシアの4.2％など他国と比べて日本に関する

記述量が一番多いことが明らかになっている。しかし、記述の大半が1945年以前に集中し、現代日本の記述がほとんどないため、近代の日韓関係史的知識とイメージをもとに、日本の近代と現代を同一視する傾向が見られるという（鄭在貞，1997；櫻坂ほか，2003）[(1)]。このように、歴史教育における日本に関する記述が近代の日韓関係史の知識に偏っていることは韓国人の対日観の形成に少なからず負の影響を与えていると思われる。

韓国のマスメディアの内容分析に注目すると、朴永祥（2000）は日本に関する韓国マスメディアの視座には、「克服するべき植民地時代の名残としての日本文化」と「受け入れて学ぶべき日本文化産業」という複合的で矛盾した傾向が見られると指摘している。韓国のメディアは「世界化・国際化」で全世界の文化に門戸を開こうとしている一方で、日本の大衆文化には防御的態度を示してきた。また、その特徴的な認識の枠組みとして、朴（2000）は、①歴史的な過去に基づいた視座・民族主義理念の枠組みを持つこと、②現実の中の日本に対する評価認識を持つことを挙げている。

韓国の対日観に関する新聞報道について言えば、1995年、2005年、2006年の読売新聞が調査した韓国人の日本に対する印象は、「どちらかと言えば悪い」「非常に悪い」を合わせて、2005年は88.3％、2006年は82.1％で、1995年の67.3％より韓国における対日感情が悪化している。また、日本に対して「あまり信頼できない」「まったく信頼できない」とした人は、2005年は90.2％、2006年は88.6％であり、近年の韓国の日本に対する視線は依然として否定的である。テレビのニュース報道に関しては、金（2000）がKBS（韓国放送公社）の『ニュース9』の対日報道の内容分析を行っている。その結果、全体として「非好意的・否定的」が「好意的・肯定的」を上回っていた。

一方で、「自国の経済にとって大切な国」として日本を挙げる韓

第1章　韓国の日本イメージの形成過程

国人は、上述した読売新聞によると、1995年は29.6%であったものの、2006年には89.1%に増加しており、日本はアメリカに次ぐ重要国として認識されている。自動車、家電など日本製品に対する関心は10年前も現在も変わらず高いものの、日本式経営や日本人の考え方に関する興味は減少し、アニメ、漫画、ファッション、日本食への興味が増加している。これらの調査は、過去に対する憤りと警戒心を抱き、日本に対する否定的な認識を維持・強化しながらも、日本が経済的に重要な国であることは認め、日本の経済や大衆文化への関心を持つという韓国人の対日観を示している。このように、韓国における日本イメージは、好意的な意識と非好意的な意識とが並存し、両者が拮抗していると指摘されている（鄭大均，1998；呉，2005）。

こうした韓国の人々が抱くアンビバレントな対日感情は、在日アジア系留学生と彼らを取り巻く日本人教師や学生との関係にも微妙な影響を与えている。アジア系留学生の否定的な対日態度（岩男・萩原，1988；山崎，1993ほか）は20年前から社会心理学的調査研究により指摘されている。教育場面においては、日本人教師の葛藤事例から、留学生が戦争責任について教師に問いただすということも散見されている（加賀美，2003；加賀美，2007など）。

対照的に、萩原・李妶善・李知妍（2000）は、日本のメディアの側面から韓国人が日本について知っているより、日本人は韓国について知らず、日本のマスメディアにおける韓国の扱いは表面的なものが多く、両国の文化を比較したり、歴史関係を取り上げたりすることは少ないと指摘しており、両者の認識のずれがはっきりと現れている。

このような日韓の認識のずれと否定的感情の継続は、グローバル社会における文化レベル、対人レベルでのリスクとも捉えられ、アジア諸国の人々が相互に理解し友好な対人関係を構築しようとして

いく試みを阻んでいくことも考えられる。

 そこで、本研究では、韓国において生徒達（ここでは小学生から大学生までを含む）が日本に対しどのようなイメージを持っているか、明らかにすることを目的とする。その際、小学生・中学生・高校生・大学生を対象に、これらのどの発達段階で、どのような内容の日本イメージが形成されているのかを、描画を通して探ることとする。

 ここでいうイメージとは、心の中に作る像、心像である。イメージは非現実的なものではなく、過去の体験の中でその実物について作られる。それゆえ、イメージは合成をしたり比較をしたり、入れ替え、組み替えたりすることができる（中沢, 1988）。非言語表現である描画法を採用したのは、言語よりも描画を通してのほうが文化的背景の異なる子ども達の日本に対するイメージや心の動き、彼らのメッセージを理解するのに適切ではないかと考えたからである。

方　法

 2006年9月、韓国の蔚山（人口109万人、2005年現在）に居住する小学生・中学生・高校生・大学生の計430名（男性：221名、女性：207名、不明2名）を対象に、日本イメージに関する描画収集を行った。協力者の内訳は、小学3年生105名、中学2年生105名、高校2年生113名、大学3年生・4年生107名であった。描画は九分割統合絵画法（森谷, 1989）に基づき、B4画用紙を用いて、8色のサインペンを使用して9つの絵を描くように依頼した。その際、調査者は韓国語で「日本のイメージについて、思い浮かぶままに1から9までの四角のマスの中に番号の順番に自由に書いてください。絵に描けない場合、文字、記号、図形でもかまいません。途中で描けなくなった場合には、描けるところまで描いてください。番号の横に、何を

描いたか言葉で描いてください」と説明した。分析については、まず、全体数を対象としカテゴリー分けした(結果1)。次に、重要なイメージは最初に出やすい(森谷，1989)ことから、1枚目に描いた描画1を分析の対象とした（結果2）。

結　果

1）描画の整理と分析手続

　対象者全員の描画から、1から9までの絵の題目と書き込まれた文字を原文のままデータ入力し、絵の特徴を書き添えた[2]。次に、日韓両言語に精通した韓国語母語話者と日本語母語話者が協働で日本語に翻訳し、バックトランスレーションを経て訳語を確定した。その後、KJ法を用いて小・中・高・大学生別にカテゴリーを抽出し、最後に全体を合わせて内容分析を行った。分析の手順は、まず調査者4名で絵の題目や内容をもとに下位カテゴリーを抽出し、次にそれらを包括する上位カテゴリーを検討した。更に、分析に関与していない研究協力者4名が下位カテゴリーと上位カテゴリーの一致作業を行った。一致率は91%で、ずれの生じたものに関しては討議し、上位カテゴリー14と下位カテゴリー653を確定した。

　上位カテゴリーは「生活環境」「日本の大衆文化」「自然環境」「歴史認識・領土問題」「伝統文化」「戦争・植民地支配」「日本の象徴」「先進国」「反日感情」「社会的風潮」「日韓の接点」「スポーツ」「秩序・親近感」「不詳」である。上位カテゴリーの定義と代表的な下位カテゴリーを表1-1に示す。

　続いて、これらのカテゴリーを肯定、否定、中立に分類した[3]。肯定的イメージは日本に対する好意、尊敬、憧れなどが反映されていると解釈できるもので、「日本の大衆文化」「先進国」「秩序・親

表1-1　上位カテゴリーの定義と代表的な下位カテゴリー

上位カテゴリー	定義	代表的な下位カテゴリー	イメージ
生活環境	日本食や日本語、日用品や住環境など日本の生活で頻繁に接するもの	寿司、うどん、ラーメン、日本語、ひらがな、カタカナ	中立
日本の大衆文化	日本のアニメや漫画、ドラマ、ファッションなどの大衆文化	漫画、アニメ、クレヨンしんちゃん、服、ドラマ	肯定
自然環境	日本の自然条件や地理的特徴	温泉、地震、島国、富士山、火山	中立
歴史認識・領土問題	現代も論争の種になっている日韓の歴史認識問題と領土問題	竹島、小泉、（靖国）神社参拝、従軍慰安婦、歴史歪曲	否定
伝統文化	伝統衣装、国技、侍など、伝統的な日本の文化	着物、侍、相撲、下駄、日本刀	中立
戦争・植民地支配	漠然とした戦争イメージと、過去の戦争や日本による韓国の植民地支配に言及するもの	戦争、植民地時代、文禄の役、原子爆弾、耳塚	否定
日本の象徴	国旗、天皇といった日本の象徴	国旗、天皇、赤	中立
先進国	日本企業、日本製品、技術の発展など、経済、産業面での日本の先進性を示すもの	ソニー、トヨタ、車、電化製品、先進国	肯定
反日感情	過去において日本に受けた被害の描写、日本への警戒心、日本に関する悪い噂や偏見を示すもの	文化財略奪、日本沈没の噂、八重歯、拷問、帝国主義、背が低い	否定
社会的風潮	コギャル文化、オタク文化などのサブカルチャー、性文化など、現代日本の風潮を表すもの	（女子高生の）制服、コスプレ、性に開放的、変態、ヤクザ	否定
日韓の接点	二国間で活動する有名人、日本に浸透した韓国文化、日韓の共同行事など現代の日韓の接点となるもの	韓流、草彅剛、BoA（ボア）、ヨン様、日韓共催ワールドカップ	中立
スポーツ	スポーツ一般と日本のスポーツ選手	サッカー、野球、K-1、中田、イチロー	中立
秩序・親近感	清潔な街、秩序を守り親切な人々と言う日本・日本人像を表すもの	親切、清潔、道がきれい、秩序、礼儀正しい	肯定
不詳	日本との関連が不明なもの、一致率を出した際に極端に解釈が分かれたもの	船、すいか、キムチ、猿	

近感」が該当する。否定的イメージは、日本に対する憤り、嫌悪感、警戒心などが反映されたと考えられる「歴史認識・領土問題」「戦争・植民地支配」「反日感情」「社会的風潮」である。中立的イメージは、肯定、否定のどちらにも明確に当てはまらず、強い好悪の感情は表れていないもので、「生活環境」「自然環境」「伝統文化」「日本の象徴」「日韓の接点」「スポーツ」が該当する[4]。この三分類をもとに、描画全体と、最初に描いた描画1について分析を行った。

2）結果1（全体）

結果1は小・中・高・大学生の描画1から描画9までのすべてのデータを分析した結果である。日本イメージとして描かれた描画は計3480例であり、これは上位カテゴリー、下位カテゴリーに分類された。上位カテゴリーを多い順に整理したものは、表1-2のとおりである。最も多いカテゴリーは「生活環境」476例（14%）で、次いで「日本の大衆文化」445例（13%）、「自然環境」437例（13%）、「歴史認識・領土問題」431例（12%）、「伝統文化」311例（9%）、「戦争・植民地支配」297例（9%）、「日本の象徴」244例（7%）、「不詳」184例（5%）「先進国」160例（5%）、「反日感情」156例（4%）、「社会的風潮」119例（3%）、「日韓の接点」111例（3%）、「スポーツ」82例（2%）、「秩序・親近感」27例（1%）の順となった。

　小・中・高・大学生別に1位から3位まで順に見ると、小学生では「日本の大衆文化」「生活環境」「不詳」であった。また、中学生では「生活環境」「戦争・植民地支配」「自然環境」の順で、高校生では、「歴史認識・領土問題」「生活環境」「自然環境」であった。さらに、大学生では、「歴史認識・領土問題」「自然環境」「生活環境」と続いた。χ^2検定を行った結果、カテゴリー間の度数は小・中・高・大学生で有意に異なっていた（χ^2=546.32、df=39、p<0.001）。

全体の特徴としては、「生活環境」や「日本の大衆文化」がカテゴリー数として最も多く、小・中・高・大学生とも高い数値であった。「日本の象徴」や「不詳」は小学生が圧倒的に多く、まだ日本に関する詳細な知識や関心があるとは言えないことを表している。また、「戦争・植民地支配」や「反日感情」は中学生が最も多かった。「生活環境」「日本の大衆文化」「歴史認識・領土問題」「伝統文化」「日韓の接点」「スポーツ」などの幅広いカテゴリーについては高校生が最も多かった。大学生は、「自然環境」「先進国」「社会的風潮」「秩序・親近感」を最も多く認識していた。このように、年代に応じて徐々に日本に関する社会的学習と知識の拡大が始まる様子が見て取れる。

　次に、描画の分析方法で示した基準に則ってこれらを肯定、否定、中立の3つに分類し、イメージ別に検討する。これらの各イメージを比較したものを図1-1に表した。

表1-2　全体および描画1の内容

順位	カテゴリー	全体					描画1				
		小学生	中学生	高校生	大学生	計	小学生	中学生	高校生	大学生	計
1	生活環境	114	122	135	105	476(14%)	12	14	15	5	46(11%)
2	日本の大衆文化	115	106	127	97	445(13%)	11	9	10	8	38 (9%)
3	自然環境	48	117	134	138	437(13%)	8	14	13	13	48(11%)
4	歴史認識・領土問題	35	104	153	139	431(12%)	0	11	34	23	68(16%)
5	伝統文化	16	82	124	89	311 (9%)	2	6	11	10	29 (7%)
6	戦争・植民地支配	78	118	41	60	297 (9%)	8	13	3	9	33 (8%)
7	日本の象徴	93	51	55	45	244 (7%)	50	25	15	26	116(27%)
8	不詳	96	29	38	21	184 (5%)	7	1	3	1	12 (3%)
9	先進国	10	34	25	91	160 (5%)	2	2	0	2	6 (1%)
10	反日感情	18	62	44	32	156 (4%)	2	7	3	3	15 (4%)
11	社会的風潮	1	25	33	60	119 (3%)	0	2	0	2	4 (1%)
12	日韓の接点	17	19	46	29	111 (3%)	2	0	3	1	6 (1%)
13	スポーツ	16	11	29	26	82 (2%)	1	1	3	1	6 (1%)
14	秩序・親近感	3	6	6	12	27 (1%)	0	0	0	2	2 (0%)
	計	660	886	990	944	3480(100%)	105	105	113	106	429(100%)

第1章　韓国の日本イメージの形成過程

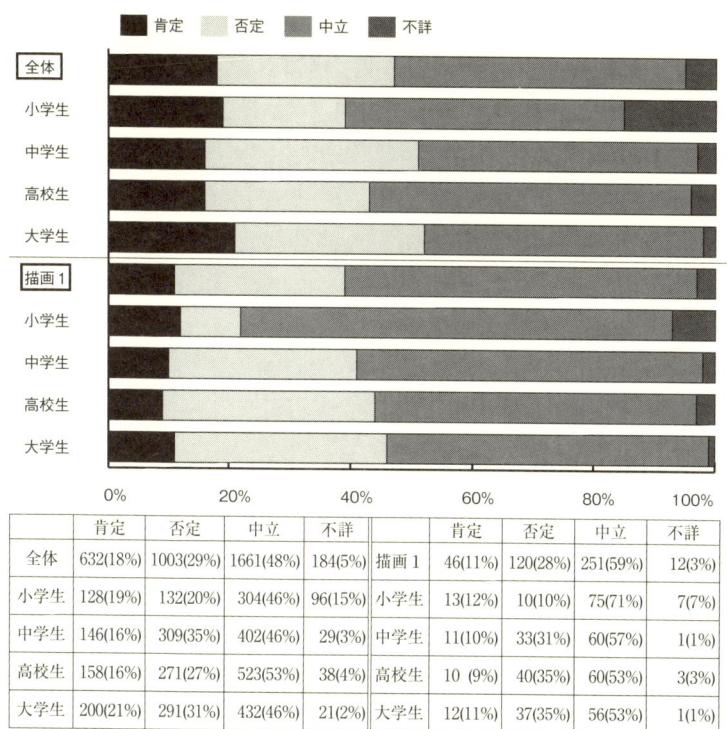

図1-1　描画全体および描画1の肯定・否定・中立イメージ

　描画全体を見ると、中立が1661例（48％）と圧倒的に多く、次いで否定が1003例（29％）、肯定が632例（18％）となり、不詳は184例（5％）であった。χ^2検定を行った結果、イメージ間の度数は小・中・高・大学生で有意に異なっていた（$\chi^2=41.32$、df=6、p<0.001）。

　小・中・高・大学生別に見ると、小学生の場合には、中立が304例（46％）と最も多く5割に近いが、否定132例（20％）、肯定128例（19％）は同じく2割程度で両イメージの間にあまり差がない。また、不詳が96例（15％）を占めているのも特徴的である。中学生の場合

には、中立が402例（46%）と小学生と変わらないが、否定が309例（35%）と急激に増加し、小学生の2.34倍になっている。また、否定的イメージが肯定的イメージの146例（16%）を2倍以上上回っていることが特徴的である。高校生の場合には、中立が523例（53%）、否定が271例（27%）、肯定が158例（16%）、不詳が38例（4%）である。肯定的イメージは中学生と変わらないものの、否定的イメージは肯定的イメージを上回っており、中学生に比べ、中立的イメージが最も多く5割以上の比率になっている。大学生の場合には、中立が432例（46%）、否定が291例（31%）、肯定が200例（21%）、不詳が21例（2%）で、高校生に比べ、中立的イメージの比率が低く、その分、否定と肯定の比率が両方とも高くなっている。依然として肯定よりも否定の割合が高く、その差は高校生と同程度である。

　以上のイメージ別の結果をまとめると、描画1から描画9までのすべてを分析した結果、本研究の対象者は中立的イメージを最も多く持っており、次いで否定的イメージ、肯定的イメージの順になった。中立的イメージは高校生に一番多く、否定的イメージは中学生に、肯定的イメージは大学生に多く見られた。しかし、中立的イメージと肯定的イメージの比率は小学生から大学生までどの段階でもほとんど大きな差はなく、各段階において、中立的イメージは50%前後、肯定的イメージは20%程度の比率を示した。

　一方、否定的イメージにおいては小学生の場合20%を占めており、日本に対する否定的イメージはすでにこの時期から形成されていることがうかがわれる。また、否定的イメージは中学生からその色が急に濃くなり、35%と最も強まる。否定的イメージの割合は高校生以降減少した後、大学生で若干上昇するという変化はあるものの、中学生を上回ることはなく、この時期に否定的なイメージが比較的固定化されていく様相が見られる。

3) 結果2（描画1）

　結果2は、小・中・高・大学生の描画のうち、各データの描画1のみに焦点を当てて分析したものである。描画1に描かれた描画429例について、上位カテゴリーを整理した結果は、表1-2のとおりである。多い順に3位までを見ると、1位が「日本の象徴」で116例（27％）、2位が「歴史認識・領土問題」で68例（16％）、3位が「自然環境」で48例（11％）であった。これらについて、χ^2検定を行った結果、カテゴリー間の度数は小・中・高・大学生で有意に異なっていた（$\chi^2=110.35$、$df=39$、$p<0.001$）。

　小・中・高・大学生別の1位から3位までのカテゴリーを見ると、小学生では「日本の象徴」「生活環境」「日本の大衆文化」であった。また、中学生では「日本の象徴」「自然環境」「生活環境」で、高校生では「歴史認識・領土問題」「生活環境」「日本の象徴」であった。さらに、大学生では、「日本の象徴」「歴史認識・郷土問題」「自然環境」と続いた。

　全体の特徴としては「日本の象徴」が他のカテゴリーと比べて圧倒的に多く、小・中・大学生にとっての1位となっており、中でも小学生が群を抜いて多かった。一方、「歴史認識・領土問題」は高校生が最も多く、大学生がこれに次ぐが、小学生では一例も見られなかった。また、「戦争・植民地支配」は中学生が最も多く、次いで大学生となっていた。さらに、「自然環境」は他と比較して小学生が少なく、「生活環境」は大学生が少なかった。このように、小学生はどちらかというと一般的で漠然とした日本に対するイメージを持っており、それらが高校生以降、具体的な情報に基づくイメージに取って代わられる様相がうかがえる。

　次に、これらのカテゴリーを肯定・否定・中立の3つに分類し、

イメージについて検討した。各イメージを小・中・高・大学生ごとにまとめ、比較したものを図1-1に示す。全体を見ると、中立が251例（59％）と圧倒的に多く、次いで否定が120例（28％）、肯定が46例（11％）となっており、不詳は12例（3％）であった。χ^2検定の結果、イメージ間の度数は小・中・高・大学生で有意に異なっていた（$\chi^2=22.50$, df=6, p<0.001）。

小・中・高・大学生別に見ると、小学生の場合、中立が75例（71％）と圧倒的に多く、否定が10例（10％）、肯定が13例（12％）と肯定が僅かに否定を上回り、不詳は7例（7％）であった。また、中学生の場合、中立が60例（57％）と小学生に比べて低くなるが、その分、否定が33例（31％）に増え、肯定11例（10％）、不詳1例（1％）となり、否定が肯定を上回っていた。さらに、高校生の場合、中立が60例（53％）と中学生よりもさらに少なく、否定が40例（35％）となり、肯定10例（9％）、不詳3例（3％）と、中学生に比べて否定の割合が増加していた。大学生は、中立は56例（53％）と他の年齢よりも低く、否定は37例（35％）と高校生と同比率であり、肯定12例（11％）、不詳1例（1％）であった。

描画1について以上のイメージ別の分析結果をまとめると、まず、全体として、どの段階でも中立的イメージが最も多いことは共通しており、肯定的イメージはどの段階でもほとんど割合の差は見られない。一方、否定的イメージは、小学生は10％程度と比較的少ないが、中学生以降では30％程度に達している。つまり、図1-1からも明らかであるように、小学生の持つ否定的イメージと、中学生以降の否定的イメージでは差があるということを示している。この否定的イメージは高校生・大学生が最も強く35％に達し、固定化されている。また、歴史や戦争、反日感情などは、小学生ではまだあまり具体化されていないものの、中学生以降で量・質とも大きく変化し、

具体的な描画となって現れていた。

考 察

　本研究では、韓国の小学生・中学生・高校生・大学生が持つ日本イメージについて描画を通して検討してきたが、イメージの内容が整理でき、その形成過程を客観的に提示できたことが新しい知見である。先行研究においても、日本イメージについて二律背反的な側面があると言われてきたが、調査結果では、「肯定的イメージ」「否定的イメージ」「中立的イメージ」の3つの様相が明らかになった。特に、日本イメージについては、実際には中立的イメージが最も多かった。このことは韓国の子ども達の日本への関心の高さと知識の豊富さを物語る。しかし、そうした中立的イメージが高いのにもかかわらず、否定的イメージが強調されやすいのは、過去の植民地支配と政治関係や学校教育など、複合的要因もあるものの、一因として日本と韓国のメディアのステレオタイプ的な報道のためではないかと考えられる。このことは、川竹・原・杉山・櫻井（2000）が指摘するとおり、「外国イメージはかなりの部分がマスメディアによって形成される。そのイメージは、限定的なステレオタイプである」と言っていることからも理解できる。その理由として、御堂岡（1991）は、マスメディアで報道されるまでの「ゲートキーパー（報道されるまでにニュースを取捨選択している人）」の存在が大きく、彼らの関心の偏りやステレオタイプ的な外国イメージが反映されやすいことを挙げている。しかし、これは受け手の関心やニーズを反映しており、ステレオタイプに反するニュースよりステレオタイプに合致したニュースのほうが伝達効率がよいからであるとも述べている。このようにマスメディアの報道の特徴や影響を加味した上で、外国イメージが形成さ

れていることを理解することが重要であろう。

　ここでは全体の描画に焦点を当て、まず結果1の考察を行う。特筆すべきことは、日本の否定的イメージは小学3年生から少なからず形成されていたことである。これは、8歳までに家庭や韓国社会の中で空気を吸うように自然に学習され形成されたのではないかと考えられる（磯崎，1997）。否定的イメージは、中学2年生で最も強くなることが示されたが、石渡（2002）は、韓国の教師の言説を引用し、韓国の生徒達は中学の3年間で国史教育を終えた段階で反日感情が強まると指摘しており、本調査でも類似した傾向がある。このことは、学校教育だけでなく、発達の段階との関連があるのではないかと考えられる。中学生という最も敏感な思春期、自我形成の時期に歴史教育から影響を受け、それが生徒達の日本に対する態度形成として高校、大学で定着し固定されることが考えられる（鄭在貞，1997；鄭大均，1997）。また、描画も、小学生では漠然としているものの、中学校へ進むにつれ史実に基づく詳細な記述や具体名が出現しており、中学校以降、時を経過して具体化する傾向が見られた。このことは9歳から10歳以降が文化を取り込む敏感期（箕浦，1984）であり、この時期以降、歴史教育をより詳細に勉強し、韓国の文化的価値観を取り込んでいくからではないかと考えられる。

　次に、描画1に注目して結果2の考察を行うと、全体数の分析と描画1の分析では、描画1の分析のほうが肯定的イメージが少ない傾向が見られた（18％＞11％）。また、描画1の分析では、肯定的イメージは小学生から大学生まで、どの段階でもほぼ同程度の割合であるという特徴的な結果になった。これは、肯定的なイメージは、時を経過しても新たに学習されにくく加わりにくいことを示していると考えられる。一方、否定的イメージは描画1では、小学生は10％程度と比較的少ないが、中学生で33％に達した以降固定化する様相が

見られたが、これは、否定的イメージのほうが、学習されやすく、強化されやすいことを示していると考えられる。つまり、時を経過して知識、情報量が増大するとともに、自分の持っている知識、関心、信念、態度、期待など一致する情報を選択する「選択的接触」(Klapper, 1960) という特質があるために、ますます注目されるものを選び取り、否定的イメージが固定化される可能性があることが考えられる。このように、肯定的イメージが形成される時期は小学生からであり、その割合は、大学生までほとんど変化がないことが示された。一方、否定的イメージは中学校の時期に取り込まれる可能性が高く、その後、そのイメージは強化していくことが示唆された。

以上のとおり、韓国の小学生・中学生・高校生・大学生の日本イメージについての内容と形成過程を明らかにしたが、本研究では、時期も地域も限定されており小学生から大学生までの対象者の有意抽出であるため、過度の一般化はできない。また、今後は、どの段階でどのような内容の異文化間教育プログラムを行うことで、韓国の生徒・学生達とのより効果的な相互理解ができるのか検討していく必要がある。その際、最も否定的なイメージの少なかった小学生へのアプローチ、すでに日本イメージが形成された高校生を対象とした否定的ステレオタイプを修正するようなプログラムも考えられる。

一方、日本の小学生・中学生・高校生・大学生へのアプローチも考えていかなければならないだろう。日本の生徒・学生達の韓国に対する知識や関心度を高め、韓国の生徒・学生達との温度差を埋める努力をしなければならない。なぜ、韓国の生徒・学生達がこのように否定的イメージを持つか、日本がアジア諸国を侵略した過去の戦争を受け止め、歴史の知識を積み重ね、今後、アジア諸国の中で隣人としてどうしたらよいかを考えさせていくような教育プログラムの開発をすることも必要だと思われる。教育プログラムの開発にあ

たっては、ステレオタイプが打破されるような協働作業や体験学習、加害と被害を乗り越えた日韓の共通認識の基盤作りを促すことが重要であろう。また、2国間だけでなく多文化間の視点で、国際社会における平和教育などを導入し、より上位の普遍的な枠組みでの教育の可能性を探るようにしていく必要があろう。

　今後の課題は、別途、実施した質問紙調査を分析することで日本イメージの形成過程とその規定要因を同時に検討することである。また、体系的な歴史教育が始まる学年の前後を調査し、その変化を比較する必要もあるだろう。同様に他のアジア諸国の生徒・学生達に対しても比較調査を行い検討していきたい。

[注]
(1) 韓国の『国史』教科書に、1945年以降の日本に関する記述は、第5次教育課程（1987-1992）まではまったくなかった（鄭在貞，1997）。第6次教育課程（1992-1997）以降は、日韓の国交正常化に関する記述が数行見られるようになった。
(2) 絵の特徴として、人物の表情、否定的・攻撃的なもの、背景に国旗などが書き込まれているものなどを備考として記し、分析の参考とした。たとえば、通常日の丸は「国旗」で上位カテゴリーは「日本の象徴」だが、旭日旗が描かれている場合は「植民地支配」と解釈し、上位カテゴリーを「戦争・植民地支配」に分類した。同様に一般的な日本刀の絵は、侍の特徴として「伝統文化」と分類したが、刀で人が刺されている絵などは「被害の記憶」として「反日感情」に分類した。
(3) 肯定的イメージ、否定的イメージ、中立的イメージを判断する際には、カテゴリーだけでなく絵の特徴を参照し、研究者4名で協議の上決定した。
(4) 中立的イメージのカテゴリーに、日本に対する肯定・否定感情が混ざっている可能性もあるが、カテゴリー全体としてどちらかに偏っていると判断しにくいものは中立とした。例として「日本の象徴」の日本の国旗は、日本に関する否定感情を含む可能性があるが、一般的な旗の絵のみから好悪を判断することは困難であるため、中立と判断した。

ただし、注(2)で示したように、絵の特徴に否定性が見られるものは否定的イメージに分類した。「日韓の接点」も同様に、日本で活躍する韓国人や日韓共催ワールドカップに対するイメージが日本への肯定的イメージに即座に結びつくとは判断しにくいため、中立とした。

[参考文献]

藤村和男（諸外国の教科書に関する調査研究委員会 委員長）(2003)『韓国の教科書制度と教育課程―第7次教育課程（「社会科：国史領域」）を中心に』平成14年度文部科学省調査研究委嘱「教科書改善のための実践的調査研究」

石渡延男 (2002)「韓国 民族主義史観に依拠した歴史」石渡延男・越田稜編『世界の歴史教科書―11カ国の比較研究』明石書店, 17-42.

磯崎典世 (1997)「韓国ジャーナリズムの日本像」山内昌之・古田元夫編『日本イメージの交錯―アジア太平洋のトポス』東京大学出版会, 22-44.

岩男寿美子・萩原滋 (1988)『日本で学ぶ留学生―社会心理学的分析』勁草書房.

鄭大均 (1997)「韓国の反日主義について」栗原彬編『現代世界の差別構造』弘文堂, 64-77.

鄭大均 (1998)『日本（イルボン）のイメージ―韓国人の日本観』中央公論社.

鄭在貞 (1997)「韓国教科書の日本像」山内昌之・古田元夫編『日本イメージの交錯―アジア太平洋のトポス』東京大学出版会, 6-21.

加賀美常美代 (2003)「多文化社会における教師と外国人学生の葛藤事例の内容分析―コミュニティ心理学的援助に向けて」『コミュニティ心理学研究』第7-1号, 日本コミュニティ心理学会, 1-14.

加賀美常美代 (2007)『多文化社会の葛藤解決と教育価値観』ナカニシヤ出版.

川竹和夫・原由美子・杉山明子・櫻井武編 (2000)『外国メディアの日本イメージ―11カ国調査から』学文社.

金政起 (2000)「韓国のメディアの伝える日本イメージ(1)―テレビニュース報道を中心に」川竹和夫・原由美子・杉山明子・櫻井武編『外国メディアの日本イメージ―11カ国調査から』学文社, 84-89.

Klapper, J.T. (1960) *The Effects of Mass Communication.* New York. Free

Press.

御堂岡潔（1995）「異文化接触とコミュニケーション―C異文化間マスコミュニケーション」渡辺文夫編著『異文化接触の心理学―その現状と理論』川島書店, 121-131.

箕浦康子（1984）『子供の異文化体験―人格形成過程の心理人類学的研究』思索社.

森谷寛之（1989）「九分割統合絵画法と家族画」家族画研究会編『臨床描画研究』第4号, 金剛出版, 163-181.

中沢和子（1979）『イメージの誕生―0歳からの行動観察』日本放送出版協会.

萩原滋・李娅善・李知妍（2000）「日本のテレビの伝える韓国イメージ―日本のテレビの外国情報の概況」川竹和夫・原由美子・杉山明子・櫻井武編『外国メディアの日本イメージ―11カ国調査から』学文社, 101-108.

呉正培（2005）「韓国人大学生の日本人に対するステレオタイプ研究―日本語学習との関係」『文化』第69巻1・2号, 東北大学文学会, 84-97.

纓坂英子・奥山洋子（2003）「韓国人大学生の対日観と日本語学習動機形成要因の検討」『日本學報』第54輯, 韓國日本學會, 187-198.

朴順愛・土屋礼子編著（2002）『日本大衆文化と日韓関係―韓国若者の日本イメージ』三元社.

朴永祥（2000）「韓国のメディアの伝える日本イメージ(2)―日本大衆文化の社会的効果中心に」川竹和夫・原由美子・杉山明子・櫻井武編『外国メディアの日本イメージ―11カ国調査から』学文社, 90-100.

渡辺良智（1987）「外国の歴史教科書に見る日本のイメージ」辻村明・飽戸弘・古畑和孝編著『世界は日本をどう見ているか―対日イメージの研究』日本評論社, 145-167.

山崎瑞紀（1993）「アジア系留学生の対日態度の形成要因に関する研究」『心理学研究』第64号, 日本心理学会, 215-223.

読売新聞1995年5月23日付朝刊『アジア7か国世論調査』

読売新聞2005年6月10日付朝刊『読売新聞社・韓国日報社日韓共同世論調査』

読売新聞2006年9月4日・10日付朝刊『アジア7か国世論調査』

第1章 韓国の日本イメージの形成過程

〈資料〉小学生・中学生・高校生・大学生の描画例
描画1（中心）から順に、「の」の字を描くように以下のものが描かれている。

資料1　小学生の描画例

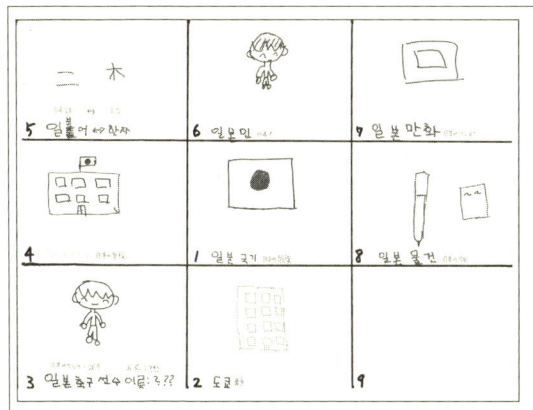

1．日本の国旗
2．東京
3．日本のサッカー選手
4．日本の学校
5．日本語⇔漢字
6．日本人
7．日本の漫画
8．日本の物

資料2　中学生の描画例

1．温泉
2．島国
3．富士山
4．神社参拝
5．戦争
6．漫画本
7．神風特攻隊
8．天皇
9．教科書歪曲（他の国に嫌われるようなことをする）

資料３　高校生の描画例

1. 独島（竹島）
2. 従軍慰安婦
3. 寿司
4. 漫画
5. 猿（日本）
6. ひきこもり
7. 背が低い
8. 『日本沈没』の映画
9. 残忍な映画
　　おかしな変態達

資料４　大学生の描画例

1. 小泉（元首相）
2. 自衛隊
3. 桜
4. 着物
5. アニメ
6. ソニー
7. 壬辰倭乱（文禄の役）

第2章

韓国『国史』教科書の日本像と韓国人学生の日本イメージ

岩井朝乃・朴志仙・加賀美常美代・守谷智美

はじめに

　文化的背景の異なる学生の教育に携わる上で、彼らが抱く日本イメージを理解することは、学生の個々の特質を理解するために欠かせない。学生達は、自国と日本との関係性の中で培われる社会的な文脈のもとで日本とのかかわりを持っているからである。学生の属する社会に存在する日本像は、国内、海外を問わず、日本語教育の現場に影響を与えている。一例として、加賀美（2007）の調査では、日本語教育場面での葛藤として、アジア系留学生が日本人教師に対して日本の戦争責任を問いただすという事例を報告している。この事例から、日本とアジア諸国間の歴史認識の問題が、アジア系留学生と日本人との関係形成上のリスク要因となっていることがうかがえる。これからの異文化間の教育的交流促進には、日本と各国の関係を包括的に捉え、危機的側面をも理解した上で個々の学生に対応する必要性が高まっていくだろう。

　本稿では、各国の日本イメージを探る第一歩として、日本語を学ぶ人々が世界で最も多く、在日留学生の14.60％（17,274人）（日本学

生支援機構，2007）を占める韓国を取り上げる。日韓は歴史的に深い関係を持っており、現在も相互の往来が盛んで、2006年には日本を訪れた韓国人、韓国を訪れた日本人はともに200万人を超えている（国際観光振興機構，2007）。しかし、人的交流が緊密化する一方で、韓国の人々の日本に対するまなざしは依然として厳しい。読売新聞・韓国日報の共同世論調査（1995；2005；2006）では、日本を「自国の経済にとって大切な国」とする人が29.6％（95年）から89.1％（06年）に増えたものの、日本に対して「悪い」印象を持つ人は67.3％（95年）から88.3％（05年）、82.1％（06年）と8割以上になっている。その主な原因として挙げられているのは日韓の歴史認識問題、領土問題である。

韓国人の日本観は、肯定と否定の混在するアンビバレントな状態であると言われているが（鄭大均，1998）、根強い否定的認識の底には日韓の過去の歴史があり、その歴史が現在どのように教えられているかが深く関連している。鄭在貞（1997）は、韓国の歴史教育は「韓国人の日本観を規定する最も重要な情報源」であり、「『国史』教科書に書かれた日本像を探ることは韓国人の日本観の原型を理解する最も有効な手がかり」になると述べている。韓国人の抱く日本イメージを理解する上では、まず韓国の『国史』教科書に日本がどのように描かれているかを知ることが必要である[1]。同時に、歴史教育を受けた学生達の日本イメージに『国史』教科書の日本像がどの程度、どのような形で反映されているかを把握することにより、より現実的な理解を進めることができるだろう。

本稿では、まず、韓国の『国史』教科書の日本像に関する研究のレビューを行い、韓国人の抱く「日本観の原型」を探る。次に、韓国の学生を対象とした日本イメージ調査の結果と合わせて検討し、韓国人が学校教育を通して継承する日本像が、実際に学生が持つ日

本イメージにどのように反映されているのかを検討する。

『国史』教科書の日本像

　まず、韓国の歴史教育課程の特徴と教科書制度について述べる。次に、韓国の『国史』教科書の日本に関連する記述を分析した研究を概観し、その特徴を述べる。先行研究の選定に関しては、日本人と韓国人の共同研究者が検討し、著しい主観性が見られるものは除外して、データとして客観性があると判断したものを取り上げた。

１）韓国の歴史教育

　韓国では、日本の学習指導要領にあたるものを「教育課程」と呼ぶ。第１次教育課程（1954-1963）、第２次教育課程（1963-1973）、第３次教育課程（1973-1981）、第４次教育課程（1981-1987）、第５次教育課程（1987-1992）、第６次教育課程（1992-1997）、第７次教育課程（1997-2007年現在[2]）の７つの時期があり、教育課程の改訂に伴って教科書もその都度改訂されている（青野, 2004）[3]。韓国の中学校・高等学校では、歴史を国史と世界史に分けて教えているが、世界史が選択科目であるのに対し、国史は第１次から第７次まで継続して必修科目であり、独立した教科書が使われている（鄭在貞, 2002）[4]。また、教科書は第一種と第二種に分かれており、「国定教科書」は第一種教科書を、「検定教科書」は第二種を指す[5]。国史は第１次、第２次教育課程までは検定教科書だったが、朴正煕政権下で「国籍のある教育」が標榜され、第３次以降「国策科目」という名目で重要視されるようになり、第一種の国定教科書に変わった（鄭在貞, 1998a）。これは、第３次から第７次教育課程まで韓国の『国史』教科書は一教育課程に一種類しか存在せず、同一課程で学ぶすべての学生が同

じ教科書を使うことを意味している[6]。したがって、『国史』教科書に現れる日本像は、韓国人学生全体に共有される基本的な日本イメージになると考えられる。

韓国の歴史教育は、国史教育の強化とそれに伴う世界史の相対的弱化が1つの特徴とされており、世界史と自国史を関連づける視点が育ちにくいと言われている（尹世哲，1992）。韓国の国史は日本に強いられた植民地史観を克服するための国難克服史であり、民族史観の確立が国史教育の主要課題とされている。このため「歴史を通して民族と国家のアイデンティティを確認しなければならない」（尹世哲，1992）という民族主義的性向が存在するという。韓国の歴史教育において、国史は国家と民族の歴史として捉えられており、国史を学ぶことで国民アイデンティティと民族アイデンティティを涵養する意図があるものと思われる[7]。

2）『国史』教科書における日本の割合とイメージ

1）で述べた韓国の歴史教育の性格上、『国史』教科書に現れる日本像は、民族意識や国民意識と関連づけて学習される可能性が高い。以下では、各国の歴史教科書に現れる日本関連記述の国際比較研究から、韓国の『国史』教科書における日本関連記述の割合と、日本イメージを見る。

韓国の『国史』教科書に日本関連記述が占める割合は、他国に比べて高い。日本関連記述の占める割合を日本に対する関心と捉え、欧米、アジア、南米など22カ国の歴史教科書の内容分析を行った渡辺（1987）の調査によると、日本関連記述が全体に占める比率は22カ国平均1.73％であるのに対し、韓国の教科書の日本比率は14.00％で、22カ国のうち最も高かった。教科書で言及される外国の数と日本の相対的比重では、22カ国の平均は0.79だが、韓国の『国史』教

科書での日本の相対的比重は3.36であり、やはり22カ国中最も高い。22カ国の全体的な傾向としては、日本に関して言及される全項目中、軍事戦争の項目が5割（政治外交9、軍事戦争13、経済1、社会文化4）を占めており、太平洋戦争を中心に20世紀への集中が見られる（17世紀以前6、19世紀4、20世紀17）。韓国の場合、日韓史に関連する事項を中心に古代から近代まで記述され（17世紀以前3、19世紀4、20世紀9）、秀吉の朝鮮出兵（以下、韓国の用語に合わせ壬辰倭乱とする）と近代の日本による朝鮮支配（以下、植民地支配）では、韓国『国史』教科書に現れる日本関連記述全項目の平均行数以上の記述が見られる。目次にも日本が登場することから韓国史における日本の重要度は非常に高いと言える[8]。一方、この研究の対象となった教科書には戦後の日本に関する記述がないことも特徴である。

次に、日本が各国の歴史教科書の中でどのようなイメージで描かれているのかを見る。伊藤（1987）は、東アジア、欧米など10カ国11種類の中学歴史教科書に見られる自国イメージと他国イメージを調べ、どの国の教科書も自国に対しては概ね愛国的であり（平均21.7）、日本に関する記述は太平洋戦争などの記述の割合からやや非好意的である（平均-2.58）という結果を得ている。韓国の『国史』教科書の場合は、自国に対する好意度は+82.36で10カ国中最も愛国度が高く、日本に対する評価は-18.06で最も非好意的であった。伊藤によると、日本に対する記述の多くは壬辰倭乱、植民地支配の箇所に現れており、愛国的表現は「豊臣秀吉軍との戦い」「反日独立闘争」「朝鮮動乱」「現在の韓国」に多いという。このうち「豊臣秀吉軍との戦い」「反日独立戦争」は日本との戦いであるため、日本への非好意的な表現と自国に対する好意的な表現は密接にかかわっていると思われる。

先述した渡辺（1987）の調査では、日本の武力行使の直接的相手

国では該当事項に対する記述量が多く、「敵」「侵略者」「帝国主義者」「抗日」などの表現とともに軍事大国としての否定的側面が強調されることが指摘されているが、韓国の『国史』教科書にこの傾向は顕著である。伊藤（1987）が述べているように「日本はいわば『悪役』『反面教師』であり、彼らの歴史観を支える重要な素材となっている」といえる。

以上は1980年代の調査であるが、各国教科書に占める近隣諸地域についての記述を行数で求めた中村（1995）の調査によると、韓国『国史』教科書に占める日本の叙述量は古代・中世2.5％、近世9.6％、近代11.3％で、教科書全体では計8.1％であった。後年行われた同様の調査（中村，2004）では、古代・中世0.8％、近世0.7％、近・現代2.0％で教科書全体では計1.2％と日本に関する叙述量の割合が減っている。これは自国史の割合が90％以上と大幅に高まった影響であると思われる。しかし、1996年発行の教科書での時代別の叙述比重では李朝時代31％、開港期15％、植民地15％と近世と近代が重視されており（朴ソプ，2004）、各時代に深く関連する日本が重要な素材として現れることに変わりはない。植民地時代の叙述量が96年発行教科書で最多となっていることからも、韓国『国史』教科書における日本関連記述の大まかな傾向は変わっていないと言えよう。

3）日本に関連する記述分析

韓国『国史』教科書の日本像は、具体的にどのように記述されているのだろうか。韓国の『国史』教科書に現れる日本に関する記述分析の研究結果は、「侵略者」と「文化後進国」と「戦後の日本の不在」という姿に集約できる。

以下では、第6次、第7次教育課程の『国史』教科書を対象とした日本記述研究から浮かび上がる日本像を示す。

第2章　韓国『国史』教科書の日本像と韓国人学生の日本イメージ

① **侵略者**

　『国史』教科書における中世以降の日本は、中世の倭寇、近世の倭軍、近代の日本軍と、侵略者として連続的に描かれている。

　日本に関連して侵略、略奪という言葉が現れるのは、倭寇に関する記述からである。「日本＝倭寇＝海賊」（玄明喆，2000）という構図があり、「倭寇は日本の対馬を根拠地とする海賊で、海岸地方に侵入して略奪をはたらいていた（中略）。崔茂宣は火砲を使用して倭寇を撃退するのに大きな功を立てた。次いで、朴葳は戦艦100隻を率いて倭寇の巣窟である対馬を征伐して、その気勢をそいだ」（第7次中学）のように、倭寇の略奪に対する「征伐」というトーンで一貫している。

　近世に起きた壬辰倭乱は、目次にも「倭乱」として日本が登場し、「倭軍の侵入」「水軍と義兵の活躍」「倭乱の克服」「倭乱の結果」（第7次中学）と項目を立てて詳しく学習される。日本は侵略者として大きく取り扱われ、韓国が受けた被害を記述した部分では「壬辰倭乱は国内外に多くの変化をもたらした。国内的には倭軍によって数多くの人命が殺傷されたばかりか、飢饉と疾病によって人口がかなり減少した。(中略)また倭軍の略奪と放火によって仏国寺、書籍、『実録』など数多くの文化財が損失し、数万人が日本に捕虜として捕まった」（第7次中学）のように書かれている。このときに日本を撃退した李舜臣は現在も韓国の国民的英雄である。

　近代以降も、日本および日本人は侵略的国家、国民として現れる。近現代に割かれる分量は多く、日本による植民地支配とそれに対する抵抗の記述は詳細である。

　近代に関する教科書の記述分析研究では、朴振東（2000）による1996年高等学校『国史』教科書（第6次教育課程）の植民地時代における支配政策史に関するものがある。「Ⅲ．民族の独立運動」の

「2. 民族の試練」を分析した結果、日本に関して「奸悪で狡猾な」「熾烈な」「狂奔した」などの激しい修飾語が多く、価値介入的、かつ断定的な表現の多用が見られるとしている。また、該当部分48段落（10ページ分）で、「日帝」が49回、それ以外の日本を表す主語概念が41回現れたこと、一方韓国側の主語概念は14回で「強いられた」「犠牲となった」など受身的に記述されていたことを述べ、その記述構造は「日本は加害者（＝能動）」「韓国は被害者（＝受動）」であることを刻印する装置だとしている。

近代の日本関連記述は量が膨大であるため、項目と分量について君島（2003）の第7次教育課程の『国史』教科書分析より特徴的な部分を抜粋する。まず、中学教科書では植民地時代を指す時代区分に「日帝強占期[9]」（第7次中学）と日本による侵略が示されている。植民地時代の項目では「Ⅸ. 民族独立運動」の章の第一節「民族の試練」（pp254‒pp263）に「1. 日帝の憲兵警察統治の実情は？」「2. 日帝の経済収奪政策は？」「3. わが民族が民族抹殺統治下で経験した苦難は？」のように日本による侵略が政治、経済、文化の各側面で進んだことが10ページにわたって説明されている。更に民族独立運動については「2. 三・一独立運動」（9ページ）、「3. 独立運動の展開」（9ページ）、「4. 国内の民族運動」（10ページ）と28ページを費やしており、独立運動に力点を置いた記述となっている。

第7次高校教科書では政治の節の「近現代の政治変動」に「1. 開化と自主運動」「2. 主権守護運動の展開」「3. 民族の試練と抗日独立運動」があり、植民地時代の記述が見られる。「3. 民族の試練と抗日独立運動」では「国権の被奪と民族の試練」（1.5ページ）、「三・一運動」（1.5ページ）、「大韓民国臨時政府」（1ページ）、「国内の抗日運動」（1ページ）、「抗日独立戦争の展開」（2ページ）という構成で、本文の他に「日本軍慰安婦の実情」「日帝の三・一運動弾圧」「武装

独立軍の対日抗戦」などが資料として載っている。中高ともに、被侵略の過程と独立運動が詳しく記述され、学生が自国の立場に立って学ぶ工夫が随所に凝らされている（君島，2003）。また、用語として「独立運動」だけでなく「抗日独立運動」「独立戦争」が使われており、侵略者日本に対する抵抗と戦争というニュアンスが読み取れる。

以上、近世から近代に至るまで日本は一貫して「侵略者」としての姿を保持し、その記述分量と詳細さは近代に近づくにつれ大幅に増加している。勉強熱心であればあるほど、日本の侵略とそれに対する抵抗の歴史が鮮烈な印象を残すことは想像に難くない。

② 文化後進国

文化の伝播と交流に関する記述では、日本は「文化後進国」として描かれている。古代の文化伝播、壬辰倭乱の文化財略奪による日本文化の発展、江戸時代の朝鮮通信使に関して表れるもので、古代から近世まで朝鮮は常に日本に教え、与えてきたとする施恵論に基づく日本観を示しているとされている（高本，1995；李宇泰，2000；石渡，2002）。

古代では、政治・経済・文化のあらゆる面で後進的であった日本に朝鮮がさまざまな恩恵を施したという観点から、朝鮮の文化的優越性を強調する傾向が指摘されている（高本，1995；李宇泰，2000）。「新しい文物を持って日本に渡ったわが国の人達は古代の日本人を教化した」（第6次高等学校）という表現が特徴的である。「三国時代にわが国の流移民が日本列島に渡って、先進技術と文化を伝え、大和政権を誕生させ、日本古代の飛鳥文化を成立させるのに貢献した」（第6次高等学校）など、朝鮮が日本人を「教化」し、日本の政権や文化の基礎を直接作ったように読める[10]。一方、石渡（2002）は、中国から韓国が受けた影響については自律的受容論を展開しており、

文化伝播に対する解釈が一貫していないと述べている。

中世では、壬辰倭乱の際「多くの文化財が日本に略奪」された結果、「朝鮮からいろいろな文化財や先進文物が日本に伝わり、日本の文化発展に寄与した」(第7次中学)「日本は朝鮮から活字、絵、書籍などを略奪し、性理学者[11]や優秀な活字工および陶磁器の技術者などを捕虜として捕まえ、日本の朱子学や陶磁器文化が発達することのできる土台を整えた」(第7次高校1年)のように、朝鮮は与え日本は略奪するという図式が示され、朝鮮文化は日本文化発展の基礎であることが確認されている。

壬辰倭乱後の朝鮮通信使は「日本は通信使の一行を通して先進学問と技術を学ぼうと懸命であった。したがって、通信使は外交使節としてだけではなく、朝鮮の先進文化を日本に伝播する役割も果たした」(第6次高等学校)と、日本に進んだ文化を伝える役目を担うものとして書かれている。第6次『国史』教科書の近世日韓関係史を分析した玄明喆 (2000) は、教科書の叙述では「朝鮮＝文化先進国」というカテゴリーが固守されていると述べている。

以上のように、古代から近世にかけての日本は、朝鮮の先進文物を受け入れて学ぶ「生徒」(伊藤, 1987) として描かれている。ここには日本が自主的に外来文化を受け入れ、消化して独自のものへと発展させていったという視点は見あたらない。

複数の研究ですでに指摘されているように、韓国から多くを与えられた文化後進国という日本像は、侵略者としての姿と関連づけられ、「恩を仇で返す国」という印象を与える可能性が高いと言えよう (伊藤, 1987；高本, 1995；石渡, 2002)。朝鮮は文化的に停滞しているという植民地史観を日本に押しつけられて侵略されたという歴史的経緯から、文化後進国としての日本像を描くことで、本来は朝鮮のほうが文化的に優れていたと強調し、自国に対する自尊心と

自負心を養う意図があると解釈することができる。

③ 戦後の日本の不在

　もう一点特筆すべき特徴は、上述した「侵略者」「後進国」以外の日本の姿は『国史』教科書にほとんど記述されないという点である。特に、1945年以降の日本に関する記述の少なさが目立つ。第5次までは戦後の日本に関する記述自体がなかった。第6次、第7次教科書では、日韓国交正常化について「長い間の課題であった日本との関係を改善し、韓日協定に調印した」(1965年)（第6次中学教科書)、「日本との国交正常化のために韓日会談を推進したが、これは市民と大学生の対日屈辱外交反対にあい、いわゆる6・3示威を誘発した」(1964年)（第7次高校1年教科書）と簡単に触れているが、詳しい経緯や協定の内容に関する記述はなく、韓国の復興を支えた「外国の資本」の主要な出資元の1つが日本であることは示されていない。近代における「侵略者」としての日本の扱いが圧倒的に多いことから、現代の日本および韓日関係に関する記述の欠落は、韓国人の対日歴史認識において戦前と戦後の日本の区別をしえない知識不足を招き、日本に対する不信と警戒心のみが強まってしまうのではないかという憂慮が示されている（石渡，2002；鄭在貞，1997）。

韓国人学生の日本イメージ

　『国史』教科書の日本像は、韓国人学生の抱く日本イメージにどの程度、どのような形で反映されるのだろうか。以下では、1982年から2008年の韓国人学生の日本イメージ調査の結果を比較検討する。取り上げる研究は、岩男・萩原（1982）のソウルの大学生対象のSD法によるイメージ調査、日韓相互理解研究会（1992）のソウルと地方の小・中・高・大学生対象の日韓関係史の歴史認識と歴史的日本

表2-1 韓国人学生の日本イメージ調査の比較一覧

研究	調査時期	対象	方法	結果
岩男・萩原 (1982)	1978年	ソウルの大学生556名（男473、女83）日本に関する基礎知識4.81（5か国全問正解）	質問紙調査 SD法（16か国の好悪）	評価が高い項目 勤勉性（diligent, competitive, studious）先進性の一項目（achievement-oriented）評価が低い項目 親和性（warm, friendly, kind, unprejudiced）信頼性の二項目（reliable, honest）先進性の二項目（sexual equality）総合イメージ「勤勉で能力が高く、能力ある考え方も古くはないが親しみにくく信頼できない」
日韓相互理解研究会 (1992)	1991年5月〜8月	ソウル、大邱、清州の小・中・高・大学生3187名 外国訪問経験有3.3%、在韓日本人との交流経験有9.1%、日本語学習経験有12.9%	質問紙調査 日本の歴史的イメージについて（高・大学生のみ）	勤勉性が16か国中最高、親和性と信頼性は最低「侵略性」強い94.61%、経済観念「強い」88.93%、「民族意識」強い74.62%、「固執心」強い78.62%、「外来文化の摂取能力」高い74.25%、「民族の主体性」強い41.57%（大のみ）「文化の創造性」弱い53.0%、「文化の水準」普通44.19%低い39.24%「科学・技術」のみ関心有
玄大松 (2005)	2001年5月〜6月	ソウルの大学生1183名（男840、女343）日本訪問経験有11.8%、日本の大衆文化体験有96.5%、日本人友人有18.3%	質問紙調査 日本に関する連想記述	日本イメージ表現上位10位 ①度視的表現11.7%、②植民地支配11.0%、③経済大国10.4%、④大衆文化5.6%、⑤歴史認識5.4%、⑥賞賛5.0%、⑦憎悪の表現3.0%、⑧戦争2.6%、⑨独島2.1%、⑩開放的1.3%
加賀美・守谷・岩井・朴・沈 (2008)	2006年9月	蔚山（人口1000万人規模）の小・中・高・大学生430名	九分割統合絵画法（3438例）KJ法	中立イメージ48%「生活環境」（476）「自然環境」（437）「伝統文化」（311）「日本の象徴」（116）「日韓の接点」（111）「スポーツ」（82）否定イメージ29%「歴史認識」（297）「植民地支配」（431）戦争・植民地支配（156）「反日感情」（119）社会的風潮（119）肯定イメージ18%「日本の大衆文化」（160）「秩序・親近感」（445）先進国（27）

（ ）は描画数

イメージの質問紙調査、玄大松（2005）のソウルの大学生対象の自由連想記述による日本イメージ調査、加賀美・守谷・岩井・朴・沈（2008）の蔚山の小・中・高・大学生対象の描画による日本イメージ調査である。調査結果は比較表に一覧としてまとめた（表2-1参照）。調査方法が異なるので単純な比較は困難だが、いずれの調査も学生を対象としているため、歴史教育の影響が比較的現れやすいと思われる。

1）侵略者イメージ

1980年代から現在まで、韓国人学生の日本イメージには否定的イメージが一定の割合で存在し、その大きな部分を占めるのは侵略者イメージである。岩男・萩原（1982）では、日本が16カ国中最も「嫌い」な国であり、アメリカ人、韓国人、日本人を13項目で評価する調査では、親和性、信頼性ともに日本人が最低である。被侵略の歴史と「恩を仇で返す」日本イメージが親和性と信頼性の低さとして表れたと解釈することができよう。日韓相互理解研究会（1992）でも、「日本が嫌い」という学生が47.36％でほぼ半数を占める。また日本の侵略性が「強い」とした学生が94.61％と圧倒的に高い。玄大松（2005）では植民地支配、歴史認識、戦争に関するイメージが全体の2割程度を占め、蔑視的・憎悪的表現も14.7％に及んでいる。加賀美・守谷・岩井・朴・沈（2008）の調査でも同様の傾向が見られ、「歴史認識・領土問題」「戦争・植民地支配」「反日感情」が全体に占める割合は25.4％で、否定的イメージのうち88％に上る。このことから、20年前から現在まで、日本の否定的イメージは保持されており、その中身は『国史』教科書に頻繁に登場する侵略者イメージ中心であることがわかる。

なお日韓相互理解研究会（1992）の調査では、日本の国名や政治体制に関して戦前と戦後の混同が見られたという。鄭在貞（1998b）

が指摘するように、『国史』教科書の近代までの歴史は詳細で量も多いのに対し、戦後の日本に関する情報量が圧倒的に少ないことが影響しているのではないかと思われる。

2）文化後進国イメージ

　『国史』教科書には文化後進的な日本イメージが描かれていた。調査の結果でこれに該当するのは日韓相互理解研究会（1992）の日本は「外来文化の摂取能力」は「高い」（74.25％）が、「文化の創造性」は弱く（53.0％）、「文化の水準」（大学生のみ）は「普通」（44.19％）あるいは「低い」（39.24％）という結果である。また、玄大松（2005）の「蔑視的表現」（11.7％）、加賀美ほか（2008）の「反日感情」（156例）の中の蔑視イメージに、日本は文化的に低俗であるというイメージが含まれている可能性がある。しかし、調査で使われた「文化」という言葉がどの時代を指すのか明確でなく、「侵略者イメージ」に比べ定着しているとは言いがたい。「文化後進国」イメージはそれ自体が独立して存在するというより、侵略者イメージに付随して喚起され、蔑視的イメージにつながると考えることができるのではないだろうか。

3）日本イメージの多面性

　p.43の③戦後の日本の不在で、韓国の『国史』教科書には「侵略者」「文化後進国」以外の日本の記述がほとんどないと述べた。しかし調査の結果では、学生達の日本イメージはより複雑であり、過去と現在、否定・肯定・中立の混在する多面的な様相を示している。

　先進国、経済大国としての日本イメージはすべての調査に表れている。岩男・萩原（1982）の調査では、日本人の勤勉性や先進性の評価が高い。日韓相互理解研究会（1992）では、日本の「経済観念」

が「強い」とした学生が88.93％おり、日本に関心のある分野は「科学・技術」であった。玄大松（2005）では「経済大国」が10.4％、加賀美ほか（2008）では「先進国」（160例）が全体で4.59％、大学生では9.63％である。先進国、経済大国としての現代日本イメージは一定程度定着していると言えよう。岩男・萩原（1982）が指摘しているように、先進的なイメージがあるからといって必ずしも親和性や信頼性が高まるわけではないが、日本は現実的な先進国モデルとして認知されているようである。

調査項目が異なる部分は年代別の比較が困難だが、「大衆文化」が玄大松（2005）で5.6％、加賀美ほか（2008）では12.8％（大学生10.3％）となっている。1998年10月から日本の大衆文化が段階的に開放されてきたことや、インターネットの普及によって日本の大衆文化へのアクセスが自由にできる世代が対象であることなどが影響していると思われる。また少数だが「賞賛」（5.0％）（玄大松，2005）、「秩序・親近感」（0.8％）（加賀美ほか，2008）のような積極的な肯定的イメージも存在する。

更に、加賀美ほか（2008）の調査では、中立的なイメージが全体の48％を占めるという結果が出ており、その内訳は「自然環境」「生活環境」「伝統文化」「日本の象徴」「日韓の接点」「スポーツ」など、時間的変化の表れにくい日本の特徴や、現代日本と韓国の関係にかかわるものであった。肯定・否定・中立的イメージの割合は玄大松（2005）と加賀美ほか（2008）では異なっているが、これは自由連想記述と描画という調査方法の違いが影響していると考えられる[12]。

韓国人学生の日本イメージには、否定的側面だけでなく、現代日本イメージや肯定的イメージ、中立的イメージも含まれていた。これは『国史』教科書の日本像には現れない側面である。日韓相互理解研究会（1992）、玄大松（2005）の調査では、日本イメージの情報

源として教師や教科書の他に、マスメディアが大きな役割を果たしていることが示されている。韓国人学生の日本イメージの多面性は、彼らの日本イメージが教科書のみに規定されるわけではないことを示している。

　一方で、否定的イメージと教科書の日本像に近似性があることも明確に示された。小・中・高・大学生のイメージ形成過程に着目した加賀美ほか（2008）は、小学生と中学生以降の日本イメージには異なった傾向があると述べている。小学校から否定的イメージは20％存在し「歴史認識・領土問題」「戦争・植民地支配」「反日感情」が出現するが、その割合は中学生で35％と急増し、高校以降定着するという。また小学生の否定的イメージは戦争など漠然としたものが多いのに対し、中学生以降、壬辰倭乱や日帝強占期などの具体的な名称が現れる。教育段階が進み国史教育の内容が詳細になるにつれて、日本の否定的イメージが増加し、具体化することが示唆されている。

　これらの研究結果に共通する特徴として、韓国人学生の日本イメージには肯定、否定、中立が混在し、アンビバレントな様相を呈していると言える。否定的イメージは「侵略者」と関連するものがほとんどであり、『国史』教科書の日本像との間に強い近似性がある。一方で、「先進国」「経済大国」「大衆文化」など現代日本イメージや中立的イメージ、肯定的イメージもある。以上から、韓国人学生の日本イメージには肯定・否定・中立の混在と、過去と現在の混在、更に否定的イメージと過去の日本像との間に類似性が認められることがわかった。

　このような傾向は、日本は「嫌い」だが、友好的な日韓関係の強化を望み、機会があれば日本に行きたいと希望する学生が相当数いること（日韓相互理解研究会，1992）や、「日本国家」との社会的

距離は遠いが「日本人個人」との社会的距離は近く、「国家としての日本イメージ」は警戒すべきだが（32.4％）、見習うべきでもある（33.1％）（玄大松，2005）というアンビバレントな日本観を反映した結果だと言える。

まとめと今後の課題

　本稿では、韓国の『国史』教科書に現れる日本像を整理し、韓国の学生の持つ日本イメージと比較して説明を試みた。その結果、明らかになったことは、以下のとおりである。

1 ）韓国の『国史』教科書に現れる日本像の特徴は、「侵略者」「文化後進国」に集約される。
2 ）韓国の学生の抱く日本イメージには、肯定・否定・中立の混在、過去と現在の混在が見られ、アンビバレントである。
3 ）韓国の学生の日本イメージの否定的な側面と『国史』教科書に現れる侵略者としての日本像には強い近似性がある。
4 ）韓国の学生の日本イメージの肯定的側面、中立的側面には、現代日本や時間的変化の表れにくい特徴が見られる。

　『国史』教科書の日本像は、古代から近代までのつながりを保ちつつ、比較的単純なイメージを持って描かれていた。「侵略者」「文化的後進国」としての日本像は韓国人学生の日本イメージの否定的側面に合致するものであった。このことから、『国史』教科書の日本像が学生達の日本イメージ形成に重要な役割を果たしていることが推測される。彼らが日本に対し否定的認識を抱く際には、侵略者や文化後進国のイメージが喚起される可能性は否定できない。

一方、韓国人学生の日本イメージには、『国史』教科書には現れない多面性が見られた。現代日本の特徴や中立的イメージ、肯定的イメージは、教科書以外の場から得たものと思われる。磯崎（1997）は、記憶の継承、再生産は、個人、公共、公的な場の3つの領域で行われ、家庭での私的な語り伝え、マスメディア、国定教科書がその装置として使われると述べている。本稿では公的なストーリーとしての『国史』教科書を分析対象に選んだが、マスメディアや私的な語りの役割も大きいことが予測される。日本の大衆文化やインターネット、実際の交流体験の影響もあろう。日本に対する否定的な視線を持ちつつも、今後の日韓関係には友好的な関係を望むといった調査結果には、未来志向的な関係を築こうとする姿勢が見られる。

　侵略、植民地支配という歴史的経緯があり、現在の韓国の国史が「日本によって強いられた〈民族の受難〉の中で、戦いながら発展していく民族史」（鄭在貞, 1998a）である以上、加害者としての日本が『国史』教科書に描かれるのはやむをえない。だが、日韓両国の歴史教科書をめぐる状況は変わりつつある。鄭在貞（1992）は、21世紀の歴史教育に必要なのは「国際理解のための歴史教育」であり、「国際関係の多様な側面を弾力的に理解することによって、国家観の相互協力を増進しうる方法を模索するのに役立たなければならない」という。日韓の歴史学者の共同作業によって、加害者と被害者という関係のみに規定されない日韓共通教材の開発が行われた（君島, 2002；歴史教育研究会, 2007）。

　国家間の不幸な歴史と歴史認識の違いは、異文化間での人間関係に摩擦を引き起こすリスク要因である。しかし、歴史認識をめぐる対話を単なる葛藤要因とするのではなく、共通の知識を増やし相手の認識を理解しようと努めることが必要である。本稿で行った韓国の『国史』教科書に現れる日本像と韓国人学生の日本イメージの比

較検討は、ナイーブな期待や知識不足に基づく誤解を排し、韓国人学生の背景を理解する第一歩である。多面的な日本イメージと現代と過去の混在は、韓国人学生の日本観の複雑さを示している。異文化間教育の現場では、彼らの抱くアンビバレントな感情を知り、韓国の社会背景を理解した上で個別に対応することが肝要であろう。

今回は、『国史』教科書に対象を絞ったために、日本イメージに影響を及ぼしうる他の要因については検討できなかった。マスメディアの影響に関しては、別途行った量的調査の結果とともに検討する予定である。また、今後、国語教科書、道徳教科書に現れる日本像の分析も進めていきたい。韓国人学生の日本イメージとその形成要因を多角的に解明することによって、より深く学生を理解し、異文化間教育プログラム開発への貢献をめざしたい。

[注]
(1) 韓国の教育課程は、2007年に2007年改訂教育課程として、2009年に2009年改訂教育課程として改訂された。その際、2007年に「国史」科目は「韓国史」となり、教科書は国定教科書から検定教科書に変更されている（教育人的資源部，2007；教育科学技術部，2009）。本稿は、執筆当時適用されていた第7次教育課程までの資料および国定教科書である『国史』教科書を元に書かれたものである。
(2) 第7次教育課程は1997年－2007年となり、その後2007年改訂教育課程（2007年－2009年）、2009年改訂教育課程（2009年－2013年現在）と改訂され、教育現場では段階的に順次適用されている。
(3) 本稿発表時、稿末資料として掲載した資料「韓国の中学・高校における歴史教科教育課程の変遷」（青野，2004）は、その後の教育課程の改訂により本章では割愛した。
(4) 第7次教育課程から、高校1年生で前近代史までの国史を必修として第一種教科書で学び、2、3年生で近現代史を選択科目として第二種教科書で学ぶ構成になった（鄭在貞，2002）。
(5) 一種図書は、日本の文部科学省にあたる教育人的資源部が選定した

(5) 教科書編纂委員会が執筆する。委員には民間学者と教師らが委嘱される（鄭在貞，2002）。
(6) 注(1)で述べたように、2007年改訂教育課程以降、国史は韓国史となり、国定から検定教科書となったため、2013年現在は、複数の検定教科書が存在する。
(7) 国家と民族が同一視される背景には、韓国は元来きわめて民族的同質性の高い国家であるという特徴がある。2006年の韓国在住の外国人は全人口の2%（1,066,273人）を占めるが、そのうち永住者は16,460人に過ぎない（出入国・外国人政策本部，2008）。
(8) 教科書の目次に登場する国は中国、日本、モンゴルである。2002年の中学教科書では「Ⅴ．朝鮮の成立と発展」の「3．倭乱と胡乱」「Ⅷ．主権主語運動の展開」の「2．日帝の侵略と義兵戦争」に日本が出ている。
(9) 日帝強占期とは、韓国が日本の植民地支配を受けた1910年－1945年を指す。
(10) 教科書で使われる用語に関しては、第7次教育課程の『国史』教科書の日韓交流記述について、1）日韓関係の記述の比重が増加し、2）日本に影響を与えたとする表現が緩和されたとの報告がある（禹仁秀，2003）。
(11) 性理学は宋学の別名、宋代に確立した儒学である。陰陽五行や老荘の学、仏教の哲理を取り込んで儒学を体系づけて近世東アジア思想に影響を及ぼした。
(12) 加賀美ほか（2008）では九分割統合絵画法を用いているが、列島の全体像や国旗、着物などが多く描かれていた。形容詞や名詞が出やすい自由記述法（玄大松，2005）と具体的な事物が描かれやすい描画という方法の違いが反映されたのではないかと解釈できる。

［参考文献］

青野正明（2004）「韓国『国史』教科書に見る近代日本」『日本史研究』第497号，日本史研究会，4-12．

国史編纂委員会（1996）『中学校国史』上巻，教育部（국사편찬위원회（1996）『중학교 국사（상）』교육부）．

国史編纂委員会（1996）『高等学校国史』上巻，教育部（국사편찬위원회（1996）『고등학교 국사（상）』교육부）．

国史編纂委員会（1997）『中学校国史』下巻，教育部（국사편찬위원회（1997）

『중학교 국사 (하)』교육부).

国史編纂委員会（1997）『高等学校国史』下巻，教育部（국사편찬위원회 (1997)『고등학교 국사 (하)』교육부).

国史編纂委員会（2000）『韓国の歴史—国定韓国高等学校歴史教科書』大槻健・君島和彦・申奎燮訳，明石書店（第6次教育課程高等学校国史教科書日本語訳).

国史編纂委員会（2001）『入門韓国の歴史—国定韓国中学校国史教科書』石渡延男監訳・三橋広夫共訳，明石書店（第6次教育課程中学校国史教科書日本語訳).

国史編纂委員会（2002）『中学校国史』教育人的資源部（국사편찬위원회 (2002)『중학교 국사』교육인적자원부).

国史編纂委員会（2002）『高等学校国史』教育人的資源部（국사편찬위원회 (2002)『고등학교 국사』교육인적자원부).

国史編纂委員会（2005）『韓国の中学校歴史教科書—中学校国定国史』三橋広夫訳，明石書店（第7次教育課程中学校国史教科書日本語訳).

国史編纂委員会（2006）『韓国の高校歴史教科書—高等学校国定国史』三橋広夫訳，明石書店（第7次教育課程高等学校国史教科書日本語訳).

教育科学技術部（2009）『教育科学技術部　告示　第2009-41号』（교육과학기술부 (2009)『교육과학기술부 고시 제2009-41호』) http://www.ncic.re.kr/nation.kri.org4.inventoryList.do;jsessionid=7D1EEA72B10EBDDACE7BB7D738B4A118（2013年9月13日最終閲覧)

教育人的資源部（2007）『教育人的資源部　告示　第2007-79号』（교육인적자원부 (2007)『교육인적자원부 고시 제2007-79호』) http://www.ncic.re.kr/nation.kri.org4.inventoryList.do;jsessionid=7D1EEA72B10EBDDACE7BB7D738B4A118（2013年9月13日最終閲覧)

玄大松（2005）「韓国人の血・地・知、そして日本—韓国人のアイデンティティ・独島意識・日本イメージに関する実証分析」『東洋文化研究所紀要』第148冊, 東京大学東洋文化研究所, 75-141.

玄明喆（2000）「高校国史教科書の近世韓日関係史叙述」歴史教育研究会編『日本と韓国の歴史教科書を読む視点—先史時代から現代までの日韓関係史』梨の木舎, 195-203.

石渡延男（2002）「韓国　民族主義史観に依拠した歴史」石渡延男・越田稜編『世界の歴史教科書—11カ国の比較研究』明石書店, 17-42.

磯崎典世（1997）「韓国ジャーナリズムの日本像」山内昌之・古田元夫編『日本イメージの交錯―アジア太平洋のトポス』東京大学出版会, 22-44.

伊藤陽一（1987）世界の歴史教科書に見られる自国イメージと他国イメージ―韓国、中国、日本の場合を中心に」辻村明・飽戸弘・古畑和孝編著『世界は日本をどう見ているか―対日イメージの研究』日本評論社, 168-186.

岩男寿美子・萩原滋（1982）「韓国人大学生の対日イメージ」『慶應義塾大学新聞研究所年報』第18号, 慶應義塾大学新聞研究所, 23-35.

鄭大均（1998）『日本（イルボン）のイメージ―韓国人の日本観』中央公論社.

鄭在貞（1992）「二一世紀の歴史教育のための提言―韓国史教育を中心に」西川正雄『自国史を越えた歴史教育』三省堂, 87-99.

鄭在貞（1997）「韓国教科書の日本像」山内昌之・古田元夫編『日本イメージの交錯―アジア太平洋のトポス』東京大学出版会, 6-21.

鄭在貞（1998a）『韓国と日本―歴史教育の思想』すずさわ書店.

鄭在貞（1998b）『韓国の論理―転換期の歴史教育と日本認識』玄音社.（정재정（1998b）『韓國의 論理―전환기의 역사교육과 일본인식』현음사）.

鄭在貞（2002）「韓国の一種(国定)教科書はいま」歴史科学協議会編『歴史評論』第632号, 校倉書房, 26-39.

加賀美常美代（2007）『多文化社会の葛藤解決と教育価値観』ナカニシヤ出版.

加賀美常美代・守谷智美・岩井朝乃・朴志仙・沈貞美（2008）「韓国における小・中・高・大学生の日本イメージの形成過程―『九分割統合絵画法』による分析から」異文化間教育学会編『異文化間教育』第28号, 異文化間教育学会, 60-73.

君島和彦（2002）「日韓歴史共通教材の現状と今後」歴史科学協議会編『歴史評論』第632号, 校倉書房, 40-53.

君島和彦（2003）「韓国における第七次教育課程『国史』教科書分析」『史海』第50号, 東京学芸大学, 46-59.

国際観光振興機構（2007）『訪日外客数・出国日本人数(2006年確定値)』. http://www.jnto.go.jp/jpn/downloads/070412stat.pdf（2013年9月12日最終閲覧）

李宇泰（2000）「中・高等学校国史では古代韓日関係史をどう記述しているか」歴史教育研究会編『日本と韓国の歴史教科書を読む視点―先史時代から現代までの日韓関係史』梨の木舎, 98-107.

中村哲編著（1995）『歴史はどう教えられているか―教科書の国際比較から』日本放送出版協会.

第2章　韓国『国史』教科書の日本像と韓国人学生の日本イメージ

中村哲編著（2004）『東アジアの歴史教科書はどう書かれているか―日・中・韓・台の歴史教科書の比較から』日本評論社.

日本学生支援機構（2007）『留学生受け入れの概況（平成19年度）』. http://www.jasso.go.jp/statistics/intl_student/data07.html(2013年9月12日最終閲覧)

日韓相互理解研究会（1992）『日韓相互理解アンケート調査集計結果報告書』日韓相互理解研究会.

朴振東（2000）「韓国高校生の目で見た歴史教科書」歴史教育研究会編『日本と韓国の歴史教科書を読む視点―先史時代から現代までの日韓関係史』梨の木舎, 261-270.

朴ソプ（2004）「韓国」中村哲編著（2004）『東アジアの歴史教科書はどう書かれているか―日・中・韓・台の歴史教科書の比較から』日本評論社, 79-92.

歴史教育研究会・歴史教科書研究会編(2007)『日韓歴史共通教材―日韓交流の歴史―先史から現代まで』明石書店.

出入国・外国人政策本部（2008）『2007統計年報』法務部（출입국・외국인정책본부（2008）『2007통계연보』법무부）. http://www.immigration.go.kr/HP/COM/bbs_003/ListShowData.do?strNbodCd=noti0096&strWrtNo=115&strAnsNo=A&strOrgGbnCd=104000&strRtnURL=IMM_6050&strAllOrgYn=N&strThisPage=1&strFilePath=imm/（2013年9月13日最終閲覧)

高本亨（1995）「韓国の自国史教科書―民族の誇り」中村哲編著『歴史はどう教えられているか―教科書の国際比較から』日本放送出版協会, 122-133.

渡辺良智（1987）「外国の歴史教科書に見る日本のイメージ」辻村明・飽戸弘・古畑和孝編著『世界は日本をどう見ているか―対日イメージの研究』日本評論社, 145-167.

禹仁秀（2003）「韓国'高等学校国史'教科書における韓日交流記述の特徴と変化」『大手前大学社会文化学部論集』第4号, 大手前大学・大手前短期大学, 199-209.

読売新聞1995年5月23日付朝刊『アジア7か国世論調査』.

読売新聞2005年6月10日付朝刊『読売新聞社・韓国日報社日韓共同世論調査』.

読売新聞2006年9月4日・10日付朝刊『アジア7か国世論調査』.

尹世哲（1992）「韓国の歴史教育」西川正雄編『自国史を越えた歴史教育』三省堂, 60-73.

第 3 章

日本への関心度と知識との関連からみる韓国の日本イメージの形成過程

加賀美常美代・朴志仙・守谷智美・岩井朝乃

問題の所在と研究目的

　韓国では1998年以来、日本大衆文化の制度的な開放が進行している。韓国の日本語を学ぶ人々は約91万人と世界最多であり、日本に関心の高い地域の1つである。中でも中等教育で第二外国語として日本語を学ぶ人々が多く、初中等教育段階では全体の84%を占める。これは、日本語を学ぶ動機が従来の就職や昇進を意識した社会・経済的な理由だけでなく、日本文化に対する関心の高さに起因する（国際交流基金, 2008）ものである。

　しかし、このような状況の一方で、日韓の新聞社の共同による世論調査では、韓国で「日本を信用できない」「日本の植民地支配が日韓関係発展を妨げている」とする人はともに80%に達し、過去の歴史は依然として両国関係に影を落としている（読売新聞, 2010）。

　韓国における日本イメージには二律背反的な側面があると言われてきたが（鄭大均, 1998）、韓国をはじめとするアジア諸国の人々が抱く歴史的経緯に関連する対日感情は、在日アジア系留学生と彼らを取り巻く日本人教師をはじめとする人々との関係に微妙な影響を

与えている(加賀美,2003；加賀美,2007など)。このような事態の継続はグローバル社会における両国の人々の良好な対人関係構築を阻むものであり、文化的背景の異なる学生が抱く日本イメージがどの発達段階でどのように形成されたかを理解することは不可欠である。

韓国人学生の日本イメージには、歴史的なイメージとともに、現代日本や時間的変化の少ない地理的、伝統的特徴が混在している。歴史的イメージとは主に「侵略者」イメージであり、韓国の『国史』教科書に現れる日本像の1つである(岩井・朴・加賀美・守谷,2008)。過去の調査では、韓国の大学生にとって日本は16カ国中最も「嫌い」な国であり、親和性、信頼性が低いこと(岩男・萩原,1982)、高校生・大学生で日本が「嫌い」な学生が47.36％おり、日本の侵略性が「強い」とした学生が94.6％であること(日韓相互理解研究会,1992)、大学生の自由記述での日本イメージで植民地支配、歴史認識、戦争に関するイメージが全体の33.7％に及ぶこと(玄,2005)等が明らかとなっている。ここに、韓国における否定的な日本イメージと侵略者イメージとの重なりが見られる。

一方、現代日本に関するイメージには「先進国」「経済大国」に代表されるようなものがある。これまでに行われた調査(岩男・萩原,1982；玄,2005；日韓相互理解研究会,1992など)でも経済大国としての現代日本イメージは定着しており、経時的な変化がほとんど見られない(岩井・朴ほか,2008)。

このように、韓国人学生の抱く日本イメージは多面的で、肯定的な側面と否定的な側面が混在する二律背反的な特徴が拭えない。また、これらの研究からは、生徒・学生達が成長過程のどの段階で、どのような日本イメージを持つようになるのかについてはこれまで明らかにされてこなかった。そこで、加賀美・守谷・岩井・朴・沈(2008)

は、2006年9月に韓国の蔚山において小学生・中学生・高校生・大学生から描画を収集し（森谷，1989）、描画の内容分析によって、発達段階ごとに見られる日本イメージについての解明を試みた。収集された描画3480例についてKJ法で分類を行った結果、14の上位カテゴリー（「生活環境」「日本の大衆文化」「自然環境」「歴史認識・領土問題」「伝統文化」「戦争・植民地支配」「日本の象徴」「先進国」「反日感情」「社会的風潮」「日韓の接点」「スポーツ」「秩序・親近感」「不詳」）に整理された。それらはさらに、「肯定的イメージ」「否定的イメージ」「中立的イメージ」に3分類された。肯定的イメージは日本に対する好意、尊敬、憧れなどが反映されていると解釈できるもので「日本の大衆文化」「先進国」「秩序・親近感」が該当する。否定的イメージは、日本に対する憤り、嫌悪感、警戒心などが反映されたと考えられる「戦争・植民地支配」「歴史認識・領土問題」「反日感情」「社会的風潮」である。中立的イメージは、肯定、否定のどちらにも明確に当てはまらず、強い好悪の感情は表れていないもので「自然環境」「生活環境」「伝統文化」「日本の象徴」「日韓の接点」「スポーツ」が該当する。分析の結果、これらのイメージの中で中立的イメージが最も多く、次いで否定的イメージ、肯定的イメージの順であった。また、小学生と中学生以降では様相が異なり、中学生で否定的イメージが高まり、その後定着していくのに対し、肯定的イメージは学年を経過しても変化がないことが認められた。

　このような発達段階ごとに形成される日本イメージは、学年の経過に伴い増大すると予測される日本に対する関心度や日本に関する知識との間に何らかの関連が見いだされるのではないかと考えられる。

　そこで、本研究では、韓国において小学生・中学生・高校生・大学生を対象に、これらのどの発達段階でどのような内容の日本イメージが形成されているのか、また、日本に対する関心度や日本に

関する知識がどのようなものかを質問紙調査を通して統計的に分析し、それらの関連を検討することを目的とする。具体的には、以下の５点に焦点を当てて検討を行う。

1) 韓国の小学生・中学生・高校生・大学生（以下、小・中・高・大学生）の日本に対するイメージ（以下、日本イメージ）はどのようなものか
2) 韓国の小・中・高・大学生の日本に対する関心度（以下、関心度）はどのようなものか
3) 韓国の小・中・高・大学生の持つ日本イメージと関心度の関連はどのようなものか
4) 韓国の小・中・高・大学生の日本に関する知識（以下、知識）はどのようなものか
5) 韓国の小・中・高・大学生の日本イメージと知識の関連はどのようなものか

方　法

2006年9月、韓国の蔚山（人口109万人、2005年時点）に居住する小学生・中学生・高校生・大学生計430名（男性221名、女性207名、不明２名）を対象に、日本イメージに関する質問紙調査を行った。協力者の内訳は、小学３年生105名、中学２年生105名、高校２年生113名、大学３年生・４年生107名である。

本研究で使用した質問票は、先行研究をもとに当該国の留学生へのインタビューを行い、研究者間の討議により作成した。質問票は日本語で作成したものを韓国語に翻訳し、さらに等価性を高めるため、韓国語から日本語に翻訳するバックトランスレーションを行っ

た。

　質問項目は、日本イメージ、関心度、知識、デモグラフィック要因、TV視聴やインターネットのアクセス度等であるが、本研究では、特に日本イメージと日本への関心度、日本への知識を中心に変数として扱い統計的分析を行う。日本イメージについては、岩男・萩原（1988）を参考に「科学技術が進んでいる／科学技術が遅れている」「好き／嫌い」など、日本の様相を表すと考えられる19対の形容詞項目を挙げ、SD法により回答を求めた。また、関心度については、加賀美・箕浦・三浦・篠塚（2006）の国際意識調査を参考に17項目を作成し5段階評定を求めた。さらに、知識については、「小泉純一郎」のように当時の政権を表すものや「となりのトトロ」のように代表的な宮崎アニメなど12項目を挙げ、「よく知っている」から「知らない」までの4段階評定による回答を求めた。

結　果

1）韓国の小学生・中学生・高校生・大学生の日本イメージ

　まず、日本イメージについて19の形容詞項目の因子分析（主因子法、バリマックス回転）を実施した。因子負荷量が極端に低かったものを4項目削除し、15項目を分析対象とした。その結果、表3-1のとおり、4つの説明可能な因子が抽出された。第一因子は、正直な、信頼できる、安全な、好き等の7項目で「親和性」と命名した。第二因子は、規則を厳格に守る、科学技術が進んでいる等の4項目で「集団主義的先進性」と命名した。第三因子は、明るい、自由な、の2項目で「開放性」と命名した。第四因子は、自己主張が強い、強い、の2項目で「強さ」と命名した。

表3-1 日本イメージの因子分析結果

項　目	因　子			
	親和性	集団主義的先進性	開放性	強さ
正直な	**.805**	.147	-.022	.104
信頼できる	**.764**	.087	.063	.059
安全な	**.747**	.115	.109	-.027
好き	**.683**	.006	.258	-.048
あたたかい	**.634**	.171	.323	-.121
親切な	**.523**	.443	.185	.128
穏やかな	**.500**	.279	.493	-.160
規則を厳格に守る	.193	**.717**	-.005	-.010
科学技術が進んでいる	-.032	**.652**	.148	.241
集団の結束力が強い	.070	**.494**	.041	.181
勤勉	.253	**.491**	.072	.347
明るい	.369	-.021	**.639**	.085
自由な	.033	.107	**.557**	.196
自己主張が強い	-.167	.149	.093	**.509**
強い	.125	.220	.073	**.454**
α係数	0.878	0.718	0.567	0.451
寄与率	23.1%	12.4%	8.2%	5.3%

2）小学生・中学生・高校生・大学生別の日本イメージ

次に、因子分析結果を小・中・高・大学生別に平均値の違いを検討するため、これらの各因子尺度得点に対し、小学生・中学生・高校生・大学生の4群別に一元配置分散分析を行い、さらに、Bonferroni法による多重比較を行った。

図3-1は4群の平均値を示したグラフであるが、全体としては「親和性」が一番低く、次いで「開放性」「強さ」であり、「集団主義的先進性」が最も高い傾向が見られた。また、中学生・高校生・大学生は類似した傾向を持っているものの、小学生だけが異なっている。小学生はイメージ内容ごとにほとんど差異が見られないが、中学生・高校生は「親和性」が最も低いのが特徴である。このことは、

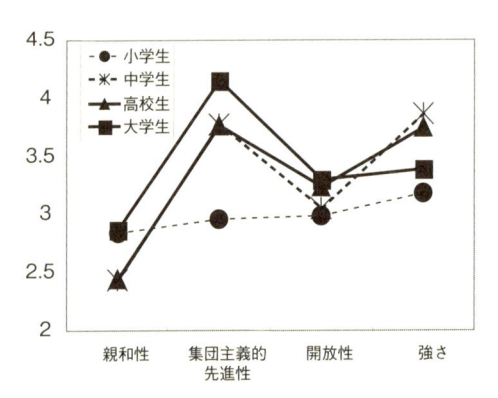

図3-1　日本イメージの小・中・高・大学生の平均値の差

韓国における歴史教育の開始時期と関連があるのではないかと推測される。すなわち、韓国では小学校高学年から歴史教育が始まるため、本調査対象者の小学生（3年生）は、歴史についてまだ体系的な教育を受けていない。一方、中学生以降では、歴史教科書の日本イメージが摂取され、これが中学生の日本に対する「親和性」に大きく影響を与えている可能性が考えられるのである。

分散分析結果と多重比較については、「親和性」は、4群に有意差があり（F（3, 407）=8.75、p<.001）、「集団主義的先進性」についても4群の有意差が見られた（F（3, 417）=44.77、p<.001）。また、Bonferroni法による多重比較では、集団主義的先進性は中学生・高校生・大学生より小学生のほうが低い傾向が認められ、中学生・高校生より大学生のほうが高い傾向が見られた。これは、小学生は日本に関してまだ知識を十分に持っておらず、対照的に大学生は専門的な知識が豊富になっているためだと考えられる。「開放性」については有意差が認められなかった。また、「強さ」については4群の有意差が見られた（F（3, 423）=11.39、p<.001）。多重比較では、小学生より中学生・高校生のほうが高い傾向が認められた。また、

大学生より中学生・高校生のほうが高い傾向が認められた。

3）日本に対する関心度

日本に対する関心度については17項目の因子分析（主因子法、バリマックス回転）を実施した。内容の妥当性、因子負荷量が極端に低かったもの1項目を削除し、16項目を分析対象とした。その結果、表3-2のとおり、3つの説明可能な因子が抽出された。第一因子は、日本人と友だちになること、日本への留学など5項目で、これらを「日本との積極的接触」と命名した。第二因子は、開発途上国の貧困や教育、日本と韓国の領土・歴史・教科書問題など、日本のみならず、よりグローバルな視点での国際社会・国際問題への関心にかかわる6項目で、「国際社会問題」と命名した。第三因子は、日本の伝統

表3-2　日本に対する関心度の因子分析結果

項　目	因子		
	日本との積極的接触	国際社会問題	日本文化
日本人と友だちになること	**0.64**	0.14	0.4
日本への留学	**0.64**	0.12	0.2
日本各地への旅行	**0.62**	0.3	0.31
日本語を学ぶこと	**0.54**	0.22	0.27
日本のファッション	**0.46**	0.08	0.33
開発途上国の貧困や教育	0.12	**0.63**	0.06
日本と韓国の領土・歴史・教科書問題	0.17	**0.59**	-0.04
日本の政治や経済・社会問題	0.18	**0.57**	0.05
民族紛争や戦争、テロによる世界平和の危機	0.08	**0.56**	-0.01
地球温暖化など環境問題	-0.04	**0.52**	0.17
日本のいじめなどの教育問題	0.28	**0.4**	0.08
日本の伝統文化（歌舞伎、能、茶道、生け花など）	0.31	0.21	**0.57**
日本のさまざまな生活様式や習慣	0.36	0.34	**0.54**
日本の大衆文化（音楽、ドラマ、アニメ、映画など）	0.19	0.02	**0.53**
日本のテレビ番組や芸能人	0.34	0.03	**0.47**
日本のゲーム	0.11	-0.05	**0.46**
a 係数	0.811	0.744	0.71
寄与率	14.2%	13.6%	11.6%

文化、日本のさまざまな生活様式や習慣などの5項目で、「日本文化」と命名した。

4）小学生・中学生・高校生・大学生別の関心度

抽出した関心度因子に関して、小・中・高・大学生別に平均値の違いを検討するため、これらの各因子尺度得点に対し4群別に一元配置分散分析を行い、Bonferroni法による多重比較を行った。その結果を図3-2に示す。平均値の多重比較による有意差を見ると、日本との積極的接触では小学生・中学生が高校生・大学生より低かった（F (3, 395) =24.25、p<.001）。国際社会問題では小学生が最も低く、次いで中学生・高校生で、大学生が最も高かった（F (3, 405) =50.55、p<.001）。日本文化では、4群間に有意差は見られなかった。

このように、大学生が日本との積極的接触、国際社会問題について最も関心度が高い傾向が見られた。

5）日本イメージと関心度との関連

日本イメージと関心度との関連について検討するため、日本イ

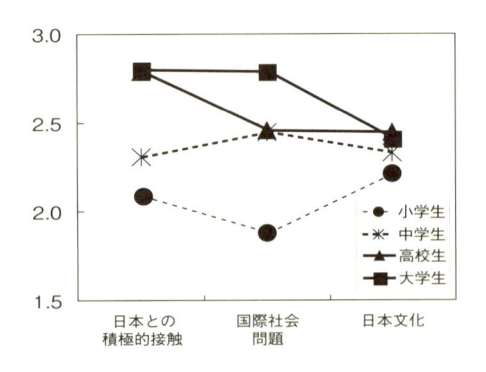

図3-2 関心度の小・中・高・大学生の平均値の差

表3-3 日本イメージと関心度との関連（重回帰分析）

関心度＼日本イメージ	親和性	集団主義的先進性	開放性	強さ
日本との積極的接触	0.303***	0.202**	0.2**	0.029
国際社会問題	-0.067	0.307***	0.023	0.045
日本文化	0.194**	0.074	0.079	0.066
R^2	0.185***	0.218***	0.071***	0.012

* ** < 0.01 *** < 0.001

メージ因子を目的変数、関心度因子を説明変数とした重回帰分析を行った。その結果、表3-3のように、「親和性」を規定する要因は「日本との積極的接触」「日本文化」で、正の影響を及ぼしていた。「集団主義的先進性」を規定する要因は「日本との積極的接触」「国際社会問題」で、正の影響を及ぼしていた。「開放性」を規定する要因は「日本との積極的接触」で、正の影響を及ぼしていた。一方、「強さ」と関心度との関連は見られなかった。このことから、日本との積極的接触を持ち、日本文化に関心を持つ人は親和性イメージが高い傾向が見られた。一方、日本との積極的接触を持つとともに国際社会問題に関心が高い人は、集団主義的先進性イメージが高い傾向が見られた。

6）日本に関する知識

　日本に関する知識については、12項目の因子分析（主因子法、バリマックス法）を実施した結果、表3-4のとおり、3つの説明可能な因子が抽出された。第一因子は、小泉純一郎、東京、ソニーなど5項目で、日常に浸透し、特に自ら調べなくても接することの多い項目からなる。これらを「一般的知識」と命名した。第二因子は、NHK、自民党などの5項目で、一般的知識よりは深く、マスメディ

表3-4 日本に関する知識の因子分析結果

項　目	因　子		
	一般的知識	社会的関心に基づく知識	個人的関心に基づく知識
小泉純一郎	**0.764**	0.359	0.138
東京	**0.741**	0.396	0.163
ソニー	**0.723**	0.369	0.171
すし	**0.67**	0.435	0.176
となりのトトロ	**0.531**	0.011	0.398
ＮＨＫ	0.304	**0.736**	0.199
自民党	0.224	**0.577**	0.086
中田英寿	0.255	**0.571**	0.123
伊藤博文	0.486	**0.565**	0.036
木村拓哉	0.181	**0.519**	0.385
ゲド戦記	0.107	0.075	**0.566**
おたく	0.13	0.337	**0.419**
$α$ 係数	0.883	0.805	0.440
寄与率	24.1 %	21.0 %	8.1 %

ア等に頻出し、一般に知られている事柄を指すものである。これらを「社会的関心に基づく知識(以下、社会的知識)」と命名した。第三因子は、ゲド戦記(2006年調査当時の最新の宮崎アニメ)、おたくなどの2項目で、調査時点で特に日本に興味のある人でないと知らないような項目である。これらを「個人的関心に基づく知識(以下、個人的知識)」と命名した。これらの3因子は、日本への知識の深度により分かれていると言える。

7)小学生・中学生・高校生・大学生別の知識

日本への知識の因子分析結果について小・中・高・大学生別に平均値の違いを検討するため、これらの各因子尺度得点に対し4群別に一元配置分散分析を行い、Bonferroni法による多重比較を行った。その結果、図3-3のとおり、全体としては「個人的知識」が一番低く、次いで「社会的知識」「一般的知識」であり、「一般的知識」が最も

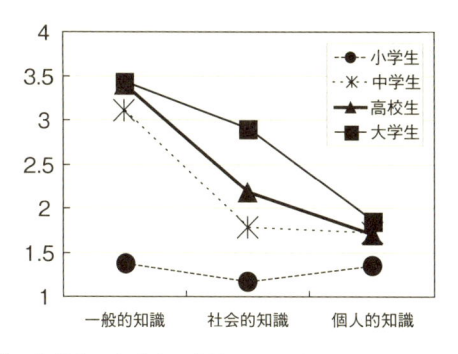

図3-3 知識の小学生・中学生・高校生・大学生の平均値の差

高い傾向が見られた。また、中学生・高校生・大学生は類似した傾向を持っているものの、小学生だけが異なる傾向が示された。すなわち、小学生では3つの知識の間に差異がほとんどなくいずれも低く、中学生から知識が蓄積される傾向が見られる。また、大学生になると一般的知識、社会的知識が高くなる傾向が見られる。

平均値の多重比較による有意差を見ると、一般的知識では、高校生・大学生が最も高く、次いで中学生、小学生の順となった（$F_{(3, 419)}=354.24$、$p<.001$）。社会的知識では、大学生が最も高く、高校生、中学生、小学生の順である（$F_{(3, 417)}=180.87$、$p<.001$）。個人的知識でも、小学生が中学生・高校生・大学生より低い傾向が見られた（$F_{(3, 423)}=8.39$、$p<.001$）。

8）日本イメージと知識との関連

最後に、日本イメージと知識との関連について検討するため、日本イメージ因子を目的変数、知識因子を説明変数とした重回帰分析を行った。その結果、表3-5のように、「親和性」を規定する要因は3つの知識で、一般的知識は「親和性」に負の影響を及ぼし、社会

表 3-5　日本イメージと知識との関連（重回帰分析）

知識＼日本イメージ	親和性	集団主義的先進性	開放性	強さ
一般的知識	-0.225**	0.363***	0.081	0.431***
社会的知識	0.160*	0.189**	0.049	-0.280***
個人的知識	0.102 †	-0.073	0.022	-0.131*
R^2	0.033***	0.236***	0.017	0.102***

† < 0.1　* < 0.05　** < 0.01　*** < 0.001

的知識、個人的知識は正の影響を及ぼしていた。「集団主義的先進性」を規定する要因は一般的知識、社会的知識で、いずれも正の影響を及ぼしていた。「開放性」は知識との関連は見られなかった。「強さ」を規定する要因は3つの知識で、一般的知識が正の影響、社会的知識と個人的知識が負の影響を及ぼしていた。このことから、一般的知識のような表面的なものではなく、社会的知識、個人的知識のようなより深い知識を持つ人のほうが日本に対して親和性イメージを抱きやすい傾向が見られた。一方、一般的知識、社会的知識を持つ人のほうが、集団主義的先進性イメージを抱きやすい傾向が示された。さらに、社会的知識、個人的知識を持たず、一般的知識を持つ人のほうが強国としての日本イメージを形成していることが示された。

考察および今後の課題

本研究において、韓国の小学生・中学生・高校生・大学生の日本イメージを量的に分析した結果、「親和性」「集団主義的先進性」「開放性」「強さ」の4因子が抽出された。小・中・高・大学生別に検討したところ、小学生のイメージは4因子の差が見られず、まだ日本に対してイメージが十分に意識化されていないことがうかがえる。

しかし、中学生と高校生は「親和性」が最も低く、大学生になるとやや好転する傾向が見られる。このことは、中学生など多感な時期に教育やマスメディアから得られる知識が豊富になり、戦争や植民地支配に関連するイメージがより敏感に摂取されるためと考えられる。それとともに、9歳から10歳以降が文化を取り込む敏感期（箕浦,1984）であり韓国の文化的価値観を積極的に取り込んでいく時期にあたることも考えられる。

ただし、大学生になると広範な知識が獲得され、親和性の低さが幾分好転する可能性も推測される。同様の傾向は、先行研究での描画の分析でも見られ（加賀美・守谷ほか, 2008）、親和的な日本イメージの度合いは発達段階における歴史的な日本イメージの摂取と関連する可能性を示すものと言える。

また、日本への関心度については、本研究では「日本との積極的接触」「国際社会問題」「日本文化」の3因子が抽出され、学年が上がるほど日本に積極的に接近し、日本や国際社会問題に関心を持つ傾向が見られた。関心度と日本イメージの関連については、日本との積極的接触や日本文化に関心がある人は親和的イメージが形成される傾向が見られた。このことは、日本語学習や留学、友だちになること、旅行やファッション等の直接的な接触体験が肯定的イメージに寄与することを示唆しており、日本語教育場面においても、異文化接触体験や日本文化理解をどのように取り入れるかが日本のイメージ形成に影響する可能性を示すものである。

さらに、知識については「一般的知識」「社会的関心に基づく知識」「個人的関心に基づく知識」の3因子が抽出され、学年が上がると、これらの知識が豊富になる傾向が見られた。知識と日本イメージの関連については、日本に対する知識が一般的なものであれば、集団主義的・先進的で強いイメージを抱きやすく、親和性を抱きにく

いことが示された。一方で、日本に対する知識が深まれば、親和性を抱き、強国イメージが緩和される傾向が認められた。このことは、日本への知識が単純に多くあればよいというものではなく、自分から関心を持って接近することによる深い知識の獲得が肯定的な日本イメージ形成に関連すると言える。

　以上のように、韓国の日本イメージ形成について、中学生・高校生の時に形成された否定的イメージは、大学生になって自ら日本への関心を持ち接触した知識の獲得によって好転する可能性があることが示された。このことは、個人的な接触により詳細かつ現実的な知識が増加することで視野が広がり、日本に対する既成の否定的イメージが修正される可能性を示すと解釈できる。

　今後の課題としては、本研究の知見を生かし、学生自身が自ら必要とする知識を求め、学習し、自らが判断し、選択するようなタイプの教育プログラムの開発が求められる。具体的には、表面的接触ではなくステレオタイプを崩すような個人的な経験を伴う参加型の交流プログラム、人類に共通する普遍的な枠組みや多文化理解の枠組みでの二国間にとどまらない教育プログラムなど多様なプログラムが考えられる。このような教育プログラムの開発と実施、評価を継続していくことで、東アジアを中心とした学生達の相互理解と共通認識が促進されるものと考える。

[参考文献]

玄大松（2005）「韓国人の血・地・知、そして日本―韓国人のアイデンティティ・独島意識・日本イメージに関する実証分析」『東洋文化研究所紀要』第148冊, 東京大学東洋文化研究所, 75-141.

岩井朝乃・朴志仙・加賀美常美代・守谷智美（2008）「韓国『国史』教科書の日本像と韓国人学生の日本イメージ」『言語文化と日本語教育』第35号, お茶の水女子大学日本言語文化学研究会, 10-19.

岩男寿美子・萩原滋（1982）「韓国人大学生の対日イメージ」『慶應義塾大学新聞研究所年報』第18号, 慶應義塾大学新聞研究所, 23-35.

岩男寿美子・萩原滋（1988）『日本で学ぶ留学生―社会心理学的分析』勁草書房.

鄭大均（1998）『日本（イルボン）のイメージ―韓国人の日本観』中央公論社.

加賀美常美代（2003）「多文化社会における教師と外国人学生の葛藤事例の内容分析―コミュニティ心理学的援助に向けて」『コミュニティ心理学研究』第7巻1号, 日本コミュニティ心理学会, 1-14.

加賀美常美代（2007）『多文化社会の葛藤解決と教育価値観』ナカニシヤ出版.

加賀美常美代・箕浦康子・三浦徹・篠塚英子（2006）「グローバル文化学に関心のある学生はどのような学生か？」『お茶の水女子大学人文科学研究』第2巻, お茶の水女子大学, 245-265.

加賀美常美代・守谷智美・岩井朝乃・朴志仙・沈貞美（2008）「韓国における小・中・高・大学生の日本イメージの形成過程―『九分割統合絵画法』による分析から」異文化間教育学会編『異文化間教育』第28号, 異文化間教育学会, 60-73.

国際交流基金（2008）『海外の日本語教育の現状―日本語教育機関調査・2006年　改訂版』凡人社

箕浦康子（1984）『子供の異文化体験―人格形成過程の心理人類学的研究』思索社.

森谷寛之（1989）「九分割統合絵画法と家族画」家族画研究会編『臨床描画研究』第4号, 金剛出版, 163-181.

日本学生支援機構（2008）『平成20年度外国人留学生在籍状況調査結果』http://www.jasso.go.jp/statistics/intl_student/documents/data08.pdf（2008年12月30日閲覧）

日韓相互理解研究会（1992）『日韓相互理解アンケート調査集計結果報告書』日韓相互理解研究会.

読売新聞2010年4月17日　「日韓関係「良い」日本57％、韓国24％」読売オンライン http://www.yomiuri.co.jp/national/news/20100416-OYT1T01475.htm（2010年5月3日閲覧）

第4章

台湾の日本イメージの形成過程

――九分割統合絵画法による分析

加賀美常美代・守谷智美・楊孟勲・堀切友紀子

問題の所在と研究目的

　昨今、日本とアジア諸国との間における産業技術、文化等の面での交流はますます盛んになり、その関係は緊密化しつつある。だが、その一方で韓国をはじめとするアジア諸国の人々の中には、過去の歴史的経緯による根強い批判が今なお残り、良好な関係の構築を困難にする一因となっている。これは、日本の教育場面においても、アジア系留学生と日本人教師との関係に微妙な影響を与えている（加賀美，2007など）[1]。

　そこで、筆者らは2006年からアジア諸国の子ども達の日本イメージや関心を知り相互理解を深め、異文化間教育における貢献をめざすために、第一段階として韓国の小学生・中学生・高校生・大学生を対象に、どの発達段階でどのような内容の日本イメージが形成されるのかを検討してきた。その結果、彼らは日本に対し中立的イメージが最も多く、次いで否定的イメージ、肯定的イメージの順であること、中学生で否定的イメージが高まり、以後定着する傾向が認められた（加賀美・守谷・岩井・朴・沈，2008）。また、知識とイメージ

との関連を検討した量的な分析結果では、学年が進むにつれ知識が増加し、日本に対し自発的に接触することで知識が深まれば、親和性を抱き、強国としての日本の強いイメージはやや緩和されることが示された（加賀美・朴・守谷・岩井，2010など）。しかし、アジア諸国の人々の対日態度を探る際、韓国とは異なる地域も検討する必要があると考えた。そこで、一般的に日本イメージが肯定的だと言われ（甲斐，1995）、韓国と同様、第二次世界大戦以前から日本による統治を受けた台湾において、日本に対するどのようなイメージがどの発達段階で形成されているかに焦点を当てることにした。

台湾は上述したように日本統治を受け、教育方針も長く継続してきたという点で韓国と類似点がある。このような状況下で日本に対する抵抗感があると思われるものの、親日派が多い（篠原，2003）と言われている。その理由として、篠原は、地理的環境、密接な経済関係、頻繁な民間交流を挙げている。しかし、日本文化や日本語が公的に開放されて10数年経った今、親日、反日では割り切れない「如何ともしがたさ」という複雑な感情を持つと蔡（2006）は指摘している。

同様の傾向を2009年の調査結果[2]も示している。交流協会による1,040名（20歳代から80歳代）を対象にした対日世論調査（交流協会，2009）の分析では、最も好きな国として日本が挙げられ（全体の38％）2位のアメリカ（5％）に大差をつけた結果となっている。また、今後、親しくすべき国については、中国が34％、日本が31％、アメリカが20％という順である。このように、台湾の人々の日本に対する好意度は概して高いものと見て取れる。しかし、日本への信頼性の有無を指標に、信頼できる群と信頼できない群に二分した分析では、信頼できると回答した群は、その理由として、文化面の共通性、地理的近さ、経済的な結びつき、長い交流の歴史を挙げている。一

方で、信頼できないと回答した群では、その理由として過去の歴史的経緯、経済面・技術面での競争関係、文化面での警戒心、実際に裏切られたことがある、学校で教わった、親から教わった等と回答している。このように、台湾の日本に対する感情は、好意的な側面を持っているものの、日本に対する不信感もぬぐいきれない結果となっている。

そこで、本研究では、台湾において、小学生・中学生・高校生・大学生が日本に対しどのようなイメージを持っているのか、台湾の生徒達が発達段階でどのように日本を捉えているのか明らかにすることを目的とする。その際、どのような内容の日本イメージが形成されているのかを、描画を通して検討する。

方　法

2007年9月、台湾・高雄地域に居住する小学生・中学生・高校生・大学生の計475名（男性：273名、女性：195名、不明7名）を対象に、日本イメージに関する描画収集を行った。協力者の内訳は、小学3年生130名、中学2年生108名、高校2年生109名、大学3年生と4年生128名の計475名である。

描画は九分割統合絵画法（森谷，1989）[3]に基づき、B4画用紙を用いて、8色のサインペンを使用して9つの絵を描くように依頼した。その際、調査者は中国語で「日本のイメージについて、思い浮かぶままに1から9までの四角のマスの中に番号の順番に自由に書いてください。絵に描けない場合、文字、記号、図形でもかまいません。途中で描けなくなった場合には、描けるところまで書いてください。番号の横に、何を書いたか言葉で書いてください」と説明した[4]。

なぜ非言語表現である描画による方法を採用したかというと、言語よりも描画を通してのほうが文化的背景の異なる子ども達の日本に対するイメージや心の動き、彼らのメッセージを理解するのに適切ではないかと考えたからである。

分析手順については、まず、全体数を対象としカテゴリー分けした（結果1）。次に、重要なイメージは最初と最後に出やすい（森谷, 1989）ことから、最後に描いた描画9を分析の対象とした（結果2）。これは、描画1と描画9を比較分析したところ、最後に描かれた描画9が特徴的であったため、これを分析対象とした（加賀美・守谷・楊・堀切, 2009）。

結　果

1）描画の整理と分析手続

対象者全員の描画について、1から9までの四角のマスに何が書かれているか、絵の題目と書き込まれた文字を日中両言語に精通した日本語母語話者と台湾語母語話者が協働で翻訳しデータ入力した。さらに、バックトランスレーションを経て訳語を確定した。その後、KJ法を用いカテゴリー分類を行い、小・中・高・大学生ごとに整理を行った。

日本イメージとしての描画は、上位カテゴリー、下位カテゴリーに分類され、多い順に上位カテゴリーを整理した。分析の手順は、まず調査者4名で描画の題目や内容を基に下位カテゴリーを抽出し、次にそれらを包括する上位カテゴリーを検討した。更に、分析に関与していない研究協力者2名が下位カテゴリーと上位カテゴリーの一致作業を行った。一致率は93％で、ずれの生じたものに関しては討議し、上位カテゴリー14と下位カテゴリー834を確定した。上位

カテゴリーは、「観光」「大衆文化」「食文化」「伝統文化」「生活環境」「日本の象徴」「先進国」「親近感・接点」「武士文化」「社会的風潮」「スポーツ」「自然環境」「戦争・領土」「不詳」である。上位カテゴリーの定義と代表的な下位カテゴリーを表4-1に示す。

続いて、これらのカテゴリーを肯定、否定、中立に分類した。肯定的イメージは日本に対する好意、尊敬、憧れなどが反映されていると解釈できるもので、「観光」「大衆文化」「先進国」「親近感・接点」

表4-1　上位カテゴリーの定義と代表的な下位カテゴリー

上位カテゴリー	定義	代表的な下位カテゴリー	イメージ
観光	日本の観光都市やレジャー施設、名所・旧跡など、観光の象徴となるもの	北海道、富士山、温泉、東京ディズニーランド	肯定
大衆文化	メディアの影響を受けた流行や娯楽に関するもの	ドラマ、ドラえもん、ゲーム、ファッション	肯定
食文化	日本で食べられるもの、日本食など日本の食文化を表すもの	寿司、ラーメン、おにぎり、和菓子	中立
伝統文化	日本の伝統的な文化風習に関するもの	和服、相撲、神社、茶道	中立
生活環境	住環境や交通手段など、日本の生活で頻繁に目にするもの	畳、高層ビル、新幹線、自動販売機	中立
日本の象徴	日本の象徴とされるもの	国旗、皇室	中立
先進国	先端技術や経済・産業面での日本の先進性を表すもの	ソニー、自動車産業、携帯電話	肯定
親近感・接点	日常生活の中での日本や日本人との接点からくる親近感を表すもの	お辞儀、礼儀正しい、文房具、桃太郎	肯定
武士文化	戦国武将や忍者など武士文化を表すもの	織田信長、武士、忍者	中立
社会的風潮	現代日本に見られる社会問題や社会的な風潮に関するもの	オタク、やくざ、アダルトビデオ、痴漢	否定
スポーツ	スポーツ全般と日本のスポーツ選手に関するもの	野球、スキー、プロレス、イチロー	中立
自然環境	日本の自然環境や地理的特徴を表すもの	山、風景、地震	中立
戦争・領土	日本の軍国主義と第二次世界大戦、領土問題に言及するもの	南京大虐殺、靖国神社、神風特攻隊、尖閣諸島	否定
不詳	日本との関連が不明なもの	熱気球、ログハウス、クリスマス	

が該当する。否定的イメージは、日本に対する憤り、嫌悪感、警戒心などが反映されたと考えられる「社会的風潮」「戦争・領土」である。中立的イメージは、肯定、否定のどちらにも明確に当てはまらず、強い好悪の感情は表れていないもので、「食文化」「伝統文化」「生活環境」「日本の象徴」「武士文化」「スポーツ」「自然環境」が該当する。この三分類を基に、すべての描画と、最後に描いた描画9について分析を行った。

2）結果1（描画全体）

結果1は、小・中・高・大学生の描画1から描画9までのすべてのデータを対象として分析した結果である。日本イメージとして描かれた描画は計4043例であり、これは上位カテゴリー、下位カテゴリーに分類された。多い順に上位カテゴリーを整理したものは、表4-2のとおりである。

最も多いカテゴリーは「観光」860例（21.3%）で、次いで「大衆文化」776例（19.2%）、「食文化」727例（18%）、「伝統文化」465例（11.5%）、「生活環境」232例（5.7%）、「日本の象徴」212例（5.2%）、「先進国」143例（3.5%）、「親近感・接点」134例（3.3%）、「武士文化」118例（2.9%）、「社会的風潮」97例（2.4%）、「スポーツ」95例（2.3%）「自然環境」78例（1.9%）、「不詳」54例（1.3%）、「戦争・領土」52例（1.3%）の順となった。

小・中・高・大学生別に1位から3位まで順に見ると、「観光」「大衆文化」「食文化」が上位3位を占めているのが特徴である。全体としては、「観光」「大衆文化」「食文化」のカテゴリー数が突出しており、小・中・高・大学生とも高い数値であった。また、「伝統文化」において、中学生は、他の学年よりも多くなっており、「先進国」は学年が上がるにつれ増えていく傾向が見られる。「社会的風潮」については、小学生ではまったく言及されていないものの、中学生

から大学生にかけてイメージが徐々に形成されていくことがうかがえる。また、「自然環境」は小学生で他の学年と比べ明らかに多く、小学生から日本の一般的な知識が形成されている様子が見て取れる。さらに、「戦争・領土」については、高校生が他の学年より多く見られ、このころから、歴史教育などの知識の拡大により否定的なイメージが形成されていることがうかがえる。χ^2検定を行った結果、これらのカテゴリー間の度数は小・中・高・大学生で有意に異なっていた（χ^2=494.87, df=39, p<0.001）。

次に、描画の分析方法で示した基準に則ってこれらを肯定、否定、中立の3つに分類し、イメージ別に検討した。χ^2検定を行った結果、イメージ間の度数は小・中・高・大学生で有意に異なっていた（χ^2=73、df=6, p<0.001）。これらの各イメージを比較したものを図4-1に表した。

まず、全体を見ると、中立が1,927例（47.6％）と圧倒的に多く、

表4-2　全体および描画9の内容

順位	カテゴリー	全体					描画9				
		小学生	中学生	高校生	大学生	計	小学生	中学生	高校生	大学生	計
1	観光	201	226	204	229	860(21.3%)	12	8	18	13	51 (14%)
2	大衆文化	203	167	184	222	776(19.2%)	16	23	16	24	79 (22%)
3	食文化	208	180	168	171	727 (18%)	7	15	10	13	45(12.3%)
4	伝統文化	57	166	122	120	465(11.5%)	3	23	10	12	48(13.1%)
5	生活環境	83	39	37	73	232 (5.7%)	7	8	4	8	27 (7.4%)
6	日本の象徴	26	76	57	53	212 (5.2%)	1	4	4	1	10 (2.7%)
7	先進国	4	20	45	74	143 (3.5%)	2	2	8	2	14 (3.8%)
8	親近感・接点	42	22	25	45	134 (3.3%)	5	2	2	7	16 (4.4%)
9	武士文化	16	20	44	38	118 (2.9%)	2	2	15	7	26 (7.1%)
10	社会的風潮	0	7	35	55	97 (2.4%)	0	1	5	11	17 (4.6%)
11	スポーツ	5	33	25	32	95 (2.3%)	0	4	2	4	10 (2.7%)
12	自然環境	53	8	5	12	78 (1.9%)	3	0	1	0	4 (1.1%)
13	不詳	42	4	2	6	54 (1.3%)	7	1	0	0	8 (2.2%)
14	戦争・領土	14	3	24	11	52 (1.3%)	0	1	7	3	11 (3%)
	計	954	971	977	1141	4043(100%)	65	94	102	105	366(100%)

第4章　台湾の日本イメージの形成過程

次いで肯定が1,913例（47%）、否定が149例（3.6%）、となり、不詳は54例（1.3%）であった。これを小・中・高・大学生別に見ると、小学生の場合には、肯定が450例（47.1%）と最も高く、中立448例（46.9%）も50%に近く両イメージの間にあまり差がないが、否定14例（1.4%）は僅少で、不詳42例（4.4%）はやや多いのが特徴的である。中学生の場合には、中立が522例（53.7%）で増加し、肯定が435例（44.7%）でやや低くなり、否定が10例（1%）である。高校生の場合には、中立が458例（46.8%）、肯定が458例（46.8%）と同じ割合であり、否定が59例（6%）で学年の中では最も多いのが特徴であ

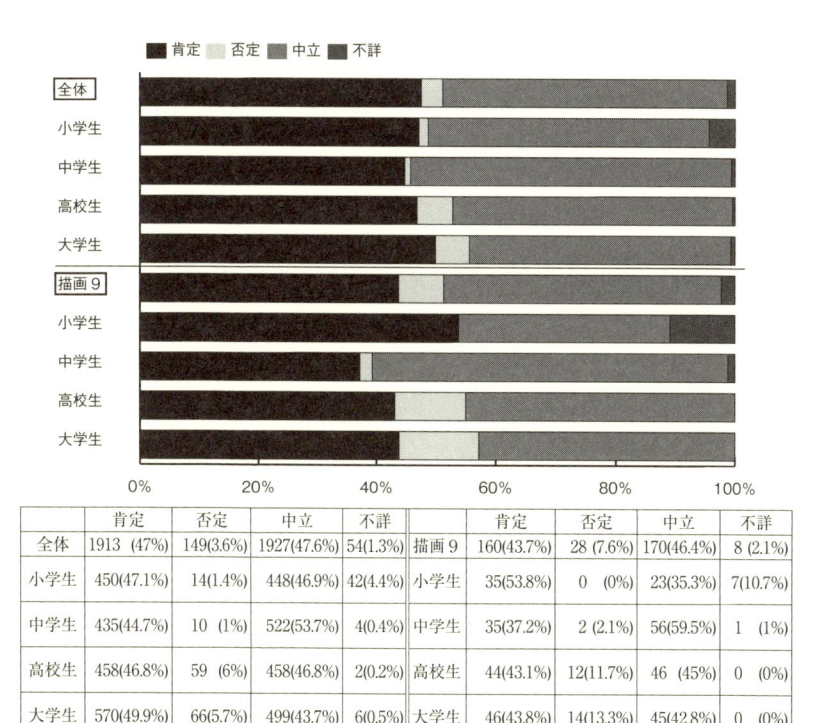

	肯定	否定	中立	不詳		肯定	否定	中立	不詳
全体	1913 (47%)	149(3.6%)	1927(47.6%)	54(1.3%)	描画9	160(43.7%)	28 (7.6%)	170(46.4%)	8 (2.1%)
小学生	450(47.1%)	14(1.4%)	448(46.9%)	42(4.4%)	小学生	35(53.8%)	0 (0%)	23 (35.3%)	7(10.7%)
中学生	435(44.7%)	10 (1%)	522(53.7%)	4(0.4%)	中学生	35(37.2%)	2 (2.1%)	56(59.5%)	1 (1%)
高校生	458(46.8%)	59 (6%)	458(46.8%)	2(0.2%)	高校生	44(43.1%)	12(11.7%)	46 (45%)	0 (0%)
大学生	570(49.9%)	66(5.7%)	499(43.7%)	6(0.5%)	大学生	46(43.8%)	14(13.3%)	45(42.8%)	0 (0%)

図4-1　描画全体および描画9の肯定・否定・中立イメージ

る。大学生の場合には、中立が499例（43.7%）、肯定が570例（49.9%）であり、否定も66例（5.7%）で、不詳が6例（0.5%）である。高校生に比べ、中立的イメージの比率が低く、その分、肯定の比率が高くなっている。

　以上のイメージ別の結果をまとめると、描画1から描画9までのすべてを分析した結果、本研究の対象者は日本に対して中立的イメージを最も多く持っており、肯定的イメージもほぼ同じ程度に所持しており、否定的イメージは僅少であることが示された。

　さらに、イメージ別に見ると、中立的イメージは中学生に最も多く、否定的イメージは高校生と大学生が多く、肯定的イメージは大学生に多く見られた。また、不詳は小学生に最も多かった。中立的イメージと肯定的イメージは、小学生からすでに形成されており、小学生・中学生・高校生・大学生別に見ても、それぞれ90%以上を占めることから、かなり固定化している傾向が見られた。否定的イメージに関しては、小・中と高・大というように二極化しており、小学生・中学生のときはまだ数が少ないものの、高校生・大学生になると、否定的イメージも増加していく様相が示された。

3）結果2（描画9）

　結果2では、小・中・高・大学生の描画のうち、各データの描画9のみに焦点を当てて分析した。描画9に注目したのは、重要なイメージは最初と最後に出やすい（森谷,1989）という指摘からであるが、表4-3のように、全体、描画1、描画9の出現傾向を見たところ、最後に描かれた描画9において、「戦争・領土」のような否定的イメージが増加している傾向が見られた。このため、描画9を分析の対象とした。

　描画9に描かれた描画366例について、小・中・高・大学生別に

表4-3 描画全体、描画1、描画9の傾向

カテゴリー	描画全体	%	描画1	%	描画9	%
観光	860	21.3	121	25	51	14
大衆文化	776	19.2	91	18	79	21.6
食文化	727	18	78	16	45	12.3
伝統文化	465	11.5	33	7	48	13.1
生活環境	232	5.7	14	3	27	7.4
日本の象徴	212	5.3	90	18	10	2.7
先進国	143	3.5	14	3	14	3.8
親近感・接点	134	3.3	4	1	16	4.4
武士文化	118	2.9	8	2	26	7.1
社会的風潮	97	2.4	6	1	17	4.6
スポーツ	95	2.4	6	1	10	2.7
自然環境	78	1.9	9	2	4	1.1
不詳	54	1.3	8	2	8	2.2
戦争・領土	52	1.3	5	1	11	3
計	4043	100	487	100	366	100

(%は小数点以下第1位まで表示)

上位カテゴリーを整理した結果は、表4-3のとおりである。χ^2検定を行った結果、カテゴリー間の度数は小・中・高・大学生の間で有意差が認められた（$\chi^2=113.5$, df=39, p<0.001）。

多い順に3位までを見ると、1位が「大衆文化」で79例（21.6%）、2位が「観光」で51例（14%）、3位が「伝統文化」で48例（13.1%）であった。しかし、描画全体では9位だった「武士文化」が描画9では6位になっており、同様に描画全体では10位であった「社会的風潮」が7位に入っているのが特徴的である。さらに、8位以降を見ると、描画全体では14位であった「戦争・領土」が、10位に浮上していることが示された。

次に、小・中・高・大学生別に1位から3位までのカテゴリーを見ると、小学生では「大衆文化」「観光」「伝統文化」の順であり、中学生では「大衆文化」「伝統文化」「食文化」、高校生では「観光」「大衆文化」「武士文化」、大学生では「大衆文化」「観光」「食文化」と

なった。このように、描画全体と比べ順位の多少の変動はあるものの、その内容はほぼ変わらない。カテゴリー別に見ると、「伝統文化」において中学生は他の学年よりも多くなっている。また、「武士文化」は高校生で増えており、「社会的風潮」は、大学生が他の学年と比べ、増加傾向が見られることが特徴的である。

さらに、これらのカテゴリーを肯定・否定・中立の3つに分類し、イメージについて検討した。各イメージを小・中・高・大学生ごとにまとめ、比較したものを図4-1に示す。全体を見ると、中立は170例（46.4％）、肯定160例（43.7％）と両者で9割を占める。一方、否定が28例（7.6％）、不詳8例（2.1％）となっていた。χ^2検定の結果、イメージ間の度数は、小・中・高・大学生で有意に異なっていた（χ^2=23.46, df=6, p<0.001）。

小・中・高・大学生別に見ると、小学生の場合、肯定35例（53.8％）が圧倒的に多く、次いで、中立23例で35.3％であった。否定がなく不詳は7例（10.7％）であった。中学生の場合、中立が最も多く56例（59.5％）で、肯定が35例（37.2％）で減少している。否定が2例（2.1％）、不詳1例（1％）であった。高校生の場合、中立が46例（45％）、肯定が44例（43.1％）でほぼ同じ割合となったが、否定が12例（11.7％）となり、中学生に比べて否定の割合が増加していた。大学生も、中立は45例（42.8％）、肯定46例（43.8％）で、否定は14例（13.3％）と高校生よりやや増加した。

描画9について以上のイメージ別の分析結果をまとめると、まず、中立的イメージは中学生が最も多く、肯定的イメージは小学生が多いことが明らかになった。このことは中学生から、客観的な知識が増すことを示している。また、小学生では、「不詳」が他の学年と比べて最も多く見られることが特徴である。さらに、高校生から否定的イメージが増加し、大学生で最も高くなることが明らかになった。

考 察

　本研究では、新しい知見として、台湾の小学生・中学生・高校生・大学生達が持つ日本イメージについての内容と形成過程について、描画全体数の分析および描画9に注目することで、より踏み込んだ詳細なイメージの側面が示された。台湾における日本イメージについては、これまで親日的であると言われてきたとおり、「肯定」「中立」を合わせて全体の95％を占め、「否定」がきわめて低いことが明らかとなった。また、日本被統治経験を持つという点では韓国と類似する台湾において、韓国とはまったく異なるイメージ形成が行われていることが明らかになった。特に、台湾では、小・中・高・大学生別に見ると、小学生から、「観光」「大衆文化」「親近感・接点」の描画が頻繁に出現し、時系列的に変化がなく、肯定的イメージがこの時期から形成されていることが示された。同様に、「中立的イメージ」の「食文化」「生活環境」「自然環境」も小学生から形成されており、幼少時からの日本との接触の多さが示された。

　それでは、なぜ台湾の日本イメージ形成において、このように肯定的イメージが顕著なのであろうか。このことは、歴史的経緯、マスメディア、家庭での伝聞などとの関連が考えられる。守谷・楊・加賀美・堀切（2009）[5]の知見を参考にしつつ、検討したい。

　第一に、歴史的経緯に関してである。台湾では、日本統治時代の終焉後まもなく大陸から到来した国民党による統治とそれに伴う日本語使用の禁止によって、人々のアイデンティティが二重に否定されたという経緯があり、その反動として日本イメージが形成されていったという（岩渕, 2001）。つまり、台湾においては、中国との相対的比較の中での認識が肯定的な日本イメージを形成したと言える

のである。

　第二に、大衆文化とマスメディアの影響である。上述のように、戒厳令下において、日本語や日本の大衆文化など日本に関するものは政府によって禁じられていたものの、アンダーグラウンドでの受容が続いていた。戒厳令解除以降、台湾人による民主化意識の高まりの中で、90年代に入り、政府に統制されないメディアとしてのケーブルテレビの合法化・普及が実現し、日本語、日本の大衆文化も解禁された。当時放送された日本ドラマへの支持から日本ブームが起こり、大衆文化の受容が促進された（松下，2008など）。このことが日本の知識を増加させ、より身近な先進国として肯定的な日本イメージの形成につながったと言える。

　第三に、家庭環境における影響である。本研究の結果、小学校3年生時点ですでに日本に対するイメージが形成されていることが明らかとなったことからは、台湾の各家庭において、小学校3年生以前から日本文化が日常生活に浸透していることがうかがえる。それらはたとえば、家族・親戚など身近な人々の中に日本語を話せる人がいる、あるいは曾祖父母の代から日本語、日本文化が伝聞されている等である。このような要因が幼少時からの肯定的な日本イメージ形成に寄与したと言えよう。

　また、結果2では描画9に注目しているが、全体の分析と描画9の分析では、描画9の分析のほうが否定的イメージの増加傾向が顕著であった。描画9は、直感的イメージというより、むしろ、時間をかけ熟考した個人のイメージと言えよう。つまり、上述した歴史的経緯、日本大衆文化の影響等によって形成された多くの肯定的イメージの後に、慎重に熟考を経ることによって否定的イメージが出現してくるものと考えられる。それらは、換言すれば、対象者が最後に開示する、普段は表には現れない本音の部分とも言えるのでは

ないだろうか。

さらに、高校生以上になると、描画全体においても、また描画9においても、否定的イメージとともに肯定的イメージも増加するという結果になった。このことは、高校生以上になると、自ら多様なメディアにアクセスすることが可能となるため、時を経過して情報量が増大し、詳細で現実的な知識が増加する可能性がある。したがって、否定的あるいは肯定的いずれかの極端な見方が幾分修正されていくのではないかと考えられる。

今後の課題

以上のとおり、本研究では、台湾の小学生・中学生・高校生・大学生の持つ日本イメージについて、その内容と形成過程を明らかにした。その概要は、上述したとおり、肯定的イメージ、中立的イメージが大半を占める結果となった。

だが、本研究は、台湾の一都市の小学生から大学生までを対象とした有意抽出であるため、この結果をもって過度の一般化はできない。今後、現地におけるインタビュー調査も含め、家庭教育、学校教育、メディア、異文化接触体験などから、総合的に解釈していく必要性がある。

また、台湾からの留学生に関しては、来日前に日本に対する過度に肯定的なイメージが形成されている可能性があるため、来日後のイメージが悪化することが懸念される。これは、台湾と日本との間の相互理解を阻むばかりか、留学生活そのものを困難にさせる可能性もある。そのため、来日後に教育的介入を行い、異文化理解プログラムなどを実施することによって、相互理解が促進されるようなプログラムの開発が必要とされる。

[注]
(1) 加賀美(2007)は、日本の日本語教育場面において、日本人教師と留学生との葛藤事例を取り上げ、学生が葛藤原因を教師要因に帰属したときは対決方略を選択することを見いだした。しかし、教師は学生の対決的方略を予測できない傾向があり両者にズレがあることを示した。
(2) この調査は、台湾における対日意識変化を把握する目的で、交流協会が2008年11月から12月にかけて行ったものであり、2009年4月に発表された。
(3) 森谷(1989)の九分割統合絵画法(NOD法とも言う)は、心理療法場面で非言語的な表現手段を活用するための方法として紹介されている。本稿では、これを異文化間の抽象的なイメージを表現するための研究方法として活用することを試みた。
(4) 本調査において収集された小学生・中学生・高校生・大学生の描画の典型例は、章末資料1-4を参照されたい。
(5) 守谷・楊・加賀美・堀切(2009)では、これまでに行われた台湾の日本イメージに関する研究を整理した。これは、台湾における日本語の位置づけに着目しながら、肯定的な日本イメージの背景要因を検討した文献研究である。

[参考文献]

蔡錦堂(2006)「日本統治時代と国民党統治時代に跨って生きた台湾人の日本観」五十嵐真子・三尾裕子編著『戦後台湾における〈日本〉―植民地経験の連続・変貌・利用』風響社, 19-60.

岩渕功一(2001)『トランスナショナル・ジャパン―アジアをつなぐポピュラー文化』岩波書店.

加賀美常美代(2007)『多文化社会の葛藤解決と教育価値観』ナカニシヤ出版.

加賀美常美代・守谷智美・岩井朝乃・朴志仙・沈貞美(2008)「韓国における小・中・高・大学生の日本イメージの形成過程―『九分割統合絵画法』による分析から」異文化間教育学会編『異文化間教育』第28号, 異文化

間教育学会, 60-73.

加賀美常美代・守谷智美・楊孟勲・堀切友紀子 (2009)「台湾の小・中・高・大学生の日本イメージの形成過程―9つの描画の出現順位に注目して」台湾日本語文学会第243回例会発表資料, 2009年2月.

加賀美常美代・朴志仙・守谷智美・岩井朝乃 (2010)「韓国における小学生・中学生・高校生・大学生の日本イメージの形成過程―日本への関心度と知識の関連から」『言語文化と日本語教育』第39号, お茶の水女子大学日本言語文化学研究会, 41-49.

甲斐ますみ (1995)「台湾における新しい世代の中の日本語」『日本語教育』第85号, 日本語教育学会, 135-150.

交流協会 (2009) 台湾における対日世論調査. http://www.koryu.or.jp/taipei/ez3_contents.nsf/04/902CF24F8C0C64824925759F0037CA22/$FILE/Japanese.pdf. 2009年8月25日閲覧

松下慶太 (2008)「台湾における日本メディア文化の普及と『日本イメージ』の形成」『目白大学人文学研究』第4号, 目白大学, 121-134.

森谷寛之 (1989)「九分割統合絵画法と家族画」家族画研究会編『臨床描画研究』第4号, 金剛出版, 163-181.

守谷智美・楊孟勲・加賀美常美代・堀切友紀子 (2009)「台湾における日本イメージ形成の背景要因―『日本語』の位置づけに着目して」『お茶の水女子大学人文科学研究』第5巻, お茶の水女子大学, 197-209.

篠原信行(2003)「台湾の大学生の日本と日本語に関する意識とそのイメージ形成に影響を与える要因について」『日本言語文芸研究』第4号, 台灣日本語言文藝研究學會, 117-137.

<資料>小学生・中学生・高校生・大学生の描画例
描画1（中心）から順に、以下のものが描かれている。

資料1　小学生の描画例

1．ハローキティ
2．もちつき
3．ミッキーマウス
4．タラバガニ
5．和服
6．温泉
7．キャンディ
8．しいたけ
9．汽車

資料2　中学生の描画例

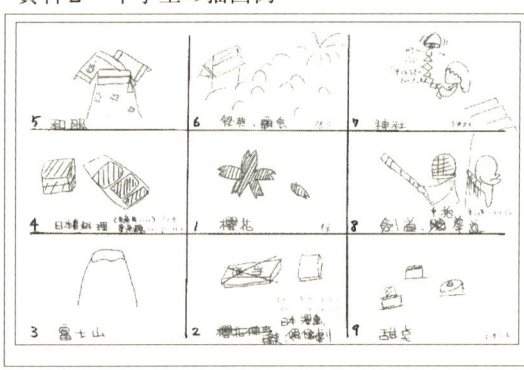

1．桜
2．日本の漫画・お笑い・アイドル主演ドラマ
3．富士山
4．日本料理
5．和服
6．祭り
7．神社
8．剣道・テコンドー
9．デザート

第4章　台湾の日本イメージの形成過程

資料3　高校生の描画例

1. 簡潔で力強い国旗
2. 相撲
3. 刺身
4. ロマンチックな雪景色
5. ドラえもん
6. ミニスカートをはいているかわいい女性
7. 90度のお辞儀がとても礼儀正しい
8. 物価が高い
9. 私達は統治された

資料4　大学生の描画例

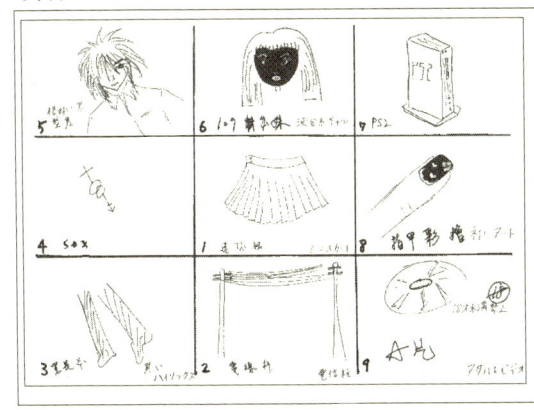

1. ミニスカート
2. 電信柱
3. 黒いハイソックス
4. sex
5. かっこいい男
6. 渋谷系ギャル
7. PS2
8. ネイルアート
9. アダルトビデオ

第5章

「日本語」の位置づけからみる
台湾の日本イメージ形成の背景要因

守谷智美・楊孟勲・加賀美常美代・堀切友紀子

問題の所在と研究背景

　近年、グローバル化が進む中で、文化や人の越境的な流動が活発化している。特に、アジアをはじめとした各国諸地域での日本製品や日本の大衆文化の浸透・受容は著しく、幼少時から日常的に日本製品に囲まれ、日本のアニメ、漫画、ファッション等に慣れ親しんで成長したという留学生の声を聴くことも少なくない。

　しかし、このような台湾の状況を耳にするたびに思い起こされるのは、台湾がかつて50年にわたる日本統治時代を経験し、日本への同化政策の一環として日本語が「国語」化され、普及が図られたという歴史的経緯を持つことである。しかも、その後の政治的抑圧と混乱の中で台湾社会における「国語」は揺れ続け、日本語の位置づけもまた幾重にも屈折し現在に至っているという、複雑かつ独自の背景が現在の台湾を形成している。それゆえ、台湾における日本への受容性や親近感にのみ目を向け、台湾社会が背負ってきた政治的・歴史的経緯から今なお残る心理的な摩擦や葛藤に無関心でいることは、現代社会における両者の良好な関係構築を阻む大きな要因とな

るのではなかろうか。

そこで、本稿では、台湾における日本イメージ形成の背景要因を探るため、先行研究を概観し、社会背景との関連から検討を行う。具体的には、まず、先行研究を通して明らかにされた台湾における日本イメージがいかなるものであり、その要因となっているものは何かを検討する。その上で、それらがいかなる形で台湾社会における現在のような日本イメージを形成するに至ったのか、歴史的・社会的背景についても概観する。

この検討にあたっては、特に、台湾社会における日本語の位置づけに着目する。なぜなら、台湾社会において日本語は、単なる外国語の1つというより、むしろ台湾の人々のアイデンティティ形成にもかかわる特殊な鍵要因であると考えられるためである。それゆえ、台湾社会がこれまでに辿ってきた歴史的変容の中で、その各時期に日本語がどのように位置づけられてきたのかに着目しながら、検討を進めていきたい。

台湾における日本イメージ関連の研究

台湾社会においてこれまでに行われた日本イメージにかかわる研究は、日本統治時代の経験を持つ台湾において、日本人・日本語・日本に対するどのようなイメージがあるのかを明らかにしようとするものである。それらは調査当時の社会的背景とも深くかかわると考えられるため、時間的順序に従って記述することが妥当であろう。最も初期に行われた研究に、甲斐の一連の研究（甲斐, 1995；1996）がある。甲斐は、94年に台湾の専門高科学校生および大学生約1,500人を対象とし、台湾人[1]青年層の日本語への意識と日本人への印象を解明するため、質問紙調査を実施した。その結果、まず台

湾人青年層の日本語への意識は全体として肯定的で、特にサブカルチャーの理解において日本語の有用性が強く認められるなど、日本の大衆文化の影響が大きいことが明らかとなった（甲斐, 1995）。また、台湾人青年層の持つ日本人のイメージに関してSD法により6段階評定を求めた結果、日本人は冷たくて閉鎖的、団体重視というイメージが全体として強いものの、日本語学習経験の有無や経験の豊富さ、また身近な人が日本語を理解するかどうかが台湾人青年層の対日本語・日本人・日本観に影響する可能性が示唆された（甲斐, 1996）。

この調査と同時期に、甲斐（1997）は台湾人老年層を対象とした調査も行っている。終戦当時小学校以上の年齢に達していた（1994年の調査時点で57歳以上の）845名を対象とした調査の結果、終戦後50年近く経過した調査時点でも過半数の人が日本語使用に自信を持っており、日本語を「忘れたくない」「もっと上手になりたい」と考えている割合が高く、「感情を表せる言語」「教養」だとする認識も認められた。また、台湾における高等教育機関での日本語学科の増設等、当時の台湾社会における日本語の開放と発展を望ましく受け止め、その国際的な重要性を認めた上で、子どもや孫にも学ばせたいと考えていることが明らかとなった。この結果は、甲斐（1996）における若年層の対日本語・日本人・日本観に家庭での日本語理解が影響するという言及と呼応するものである。

甲斐の一連の調査が行われた時期は、台湾社会にとって大きな変革期にあたる。1987年の戒厳令[2]解除、1989年には李登輝が本省人初の総統に就任するなど、政治的変革の波が徐々に押し寄せる中で、90年代に入って、それまでメディアによる使用が長期にわたって禁止されていた日本語が解禁された。民主化要求の高まりの中で、民衆の力に突き動かされる形で政策に大きな変化が生じた（伊藤, 2004）と言えるこの時期に、青年層・老年層双方を対象とし日本語

に対する意識を調査したことに、甲斐の一連の研究の大きな意義が認められよう。

　これらの調査から約10年後に、篠原（2003）は、台湾の大学生474名を対象とし、日本語への意識と日本イメージ形成に影響を与える要因を質問紙調査により検討している。その結果、ここでも、日本の「よいイメージ」が全体の8割以上を占め、日本語学習者のほぼ9割が日本に好意的なイメージを持っていた。また、日本イメージ形成に影響を与えた要因については、「日本の漫画やアニメ」(53.2％)、「日本製の商品」(51.4％) が過半数であり、「日本のTV番組」(46.7％)、「日本のさまざまな流行」(40.5％)、「日本の歌手・タレント」(40.5％) 等、日本の大衆文化の影響が著しいことが示された。さらに、日本語が話されるような家庭環境に育つことが日本への肯定的イメージを形成し、日本語の好意度が高まる可能性が示唆された。これは、家族をはじめとする近親者の日本語理解が若年層の日本語・日本人・日本観に影響する可能性を示した甲斐（1996）の言及から一歩踏み込んだものと位置づけられる。

　これらの研究は、ある世代に着目して実施された質問紙調査によるものであるが、加賀美・守谷・楊・堀切（2008）は台湾の若い世代における発達段階別の日本イメージを明らかにするため、「九分割統合絵画法」を用いて分析を行った。2007年9月、台湾の小・中・高・大学生を対象として日本イメージの描画収集を行った結果、抽出された描画の内容は「観光」(21.3％)、「大衆文化」(19.2％)、「食文化」(18％) 等、現代の日本の文化とのかかわりが強く、次いで「伝統文化」(11.5％)、「生活環境」(5.7％)、「日本の象徴」(5.2％)、「先進国」(3.5％)、「親近感・接点」(3.3％)、「武士文化」(2.9％)、「社会的風潮」(2.4％)、「スポーツ」(2.3％)、「自然環境」(1.9％)、「不詳」(1.3％)、「戦争・領土」(1.3％) の順であった。これらを描画の内容に基づき

肯定・中立・否定に分類したところ、肯定的・中立的イメージが同程度に多く、両者を合わせると全体の9割以上を占め、否定的イメージは僅かであった。この傾向は小学生からすでに見られ、中・高・大学生と年齢が上がっていっても時系列的変化が見られなかったことから、台湾における日本イメージは幼少時からすでに形成され安定化しており、その背景には家庭環境の影響や日常生活における現代の日本の大衆文化の影響が密接に関与する可能性が示唆された。

加賀美らの研究は元々、アジア諸地域の日本イメージ形成過程の解明を目的としたものであり、加賀美・守谷・岩井・朴・沈（2008）は同様の手法で2006年に韓国でも調査を行っている。韓国では中立的な日本イメージが最多で、次いで否定的イメージ、肯定的イメージとなっており、否定的イメージは中学生で高まり、以後定着することが示された。韓国におけるこの調査結果が日韓の歴史的背景によるものであることは疑いないが、日本統治時代を経験したという点で共通項を持つ台湾と韓国との間でこれほどまでに対照的な結果が見られたことは注目に値する。

以上のように、1996年から現在までの台湾における日本イメージは、いずれの研究結果においても肯定的傾向が強く、発達段階別に見ても大きな差がないことが明らかである。この背景に台湾の日常生活における日本大衆文化の浸透や、家庭環境における幼少時からの日本語とのかかわりがあることは、いずれの研究からもうかがえる。言い換えれば、台湾における日本イメージ形成には、一時的な社会現象やある発達段階特有の要因が関与するのではなく、台湾社会の根底に存在する要因が影響している可能性が考えられるため、これに目を向ける必要があるということであろう。そこで、次節以降、日本統治期から現在に至るまでの各時期において、日本語が台湾社会でいかに位置づけられてきたのかに着目しつつ、台湾社会の

歴史的経緯や政治的・社会的背景と当時の日本イメージについて検討したい。

台湾における日本イメージの変容過程

台湾においては、日本統治期から戦後の政治的・社会的混乱と変革を経て現在に至るまでの過程で、各時期の日本語の位置づけや日本イメージは大きな変容を遂げてきた。ここでは、日本統治期・

表5-1 台湾における日本イメージ調査

	研究目的	調査時期	対象	方法	結果
甲斐 (1995)	台湾人青年層の日本語意識と台湾の歴史的、社会的背景との関係の解明	1994年	大学生・専門高科学校生 1493名	質問紙調査	台湾人青年層の日本語に対する意識は全体的に肯定的。
甲斐 (1996)	台湾人青年層の日本語学習動機、日本語接触状況、日本語の印象等と言語的背景・社会的環境との関連の解明	1994年	大学生・専門高科学校生 1494名	質問紙調査 SD法	(1)実利的動機や日本大衆文化理解等の道具的動機から日本語を学習する傾向。(2)日本人は冷たくて閉鎖的、団体重視というイメージが強い。(3)家庭での日本語理解・日本語学習経験者の存在が若年層の対日本語、日本人、日本観に影響を与える可能性。
甲斐 (1997)	台湾人老年層の日本語保持状況、使用言語の変化、日本語への評価の解明	1994年	終戦当時小学生以上（調査時点で57歳以上）の台湾人845名	質問紙調査	(1)過半数が自身の日本語に自信。(2)日本語使用は減少しているが、友人との会話には4人に1人が使用。(3)日本語は「忘れたくない」「もっと上手になりたい」言語。
篠原 (2003)	台湾の大学生の日本および日本語意識の解明	2003年	大学生474名	質問紙調査	(1)日本に対する肯定的イメージは8割以上。日本語学習経験との関連性。(2)日本イメージの形成には大衆文化の影響が大きい。(3)家庭に日本語話者がいるだけでなく、家庭で日本語が話される環境に育つことで肯定的な日本イメージが形成され、日本語が好きになる傾向。
加賀美・守谷・楊・堀切 (2008)	台湾における発達段階別の日本イメージの解明	2007年	小学3年生130名、中学2年生108名、高校2年生109名、大学3・4年生128名、計475名	九分割統合絵画法 内容分析	(1)観光・大衆文化・食文化等が多く、肯定的・中立的イメージが同程度で、合計すると全体の9割以上。(2)小学生から上記の傾向が見られ、学年による異なりは見られない。

1945 – 80年代・90年代以降の3つの時期に区分し、文献をもとにその様相を検討する。

1) 日本統治期における日本イメージ

日本統治期、台湾社会においてさまざまな日本への同化政策が実施されたが、そこでは日本語普及を推進するための多様な政策が施された。日本語は「国語」として位置づけられ、常用が奨励されるとともに、家族の成員の半分以上が日本語のできる家庭が「国語家庭」として優遇されたという。1937年の日中戦争以降、中国的なものが全面的に禁止されたことで日本の文化や慣習は一層台湾の日常に浸透した（李，2005）。そのような中で、「国語＝日本語」は、文化的、政治的同化には抵抗を示されつつも、「西洋知識を受け入れる道具」として必ずしも習得を拒否されることはなく、それを媒介に従属的な近代化が進んだ（鄭，2002；何，2007）。

李（2005）によれば、この時期、日本に対しては、「警察システムや近代化建設によって台湾で進歩、恐れ、威風、秩序のような」イメージが抱かれていたという。当時、日本の教育によって、台湾の人々は日本国民としてのアイデンティティも否応なく持ち合わせていたが、日本人による優越的な態度や台湾人への差別意識には不満が抱かれており、そのアンビバレントな状態から、「祖国＝中国」への敬慕的なイメージが強かったという。

2) 1945 – 80年代における日本イメージ

終戦後、日本語の社会的位置づけや日本イメージは大きな転換を遂げた。戦後まもなく台湾を接収し大陸から到来した国民党軍と新政府は、50年間にわたる日本統治で戦後も色濃く残っていた日本化の影響を払拭し、中国化を推進した。何（2007）によれば、当時、

第5章 「日本語」の位置づけからみる台湾の日本イメージ形成の背景要因

台湾の一部の地域・住民にとっては日本語が重要なコミュニケーション手段となっており、日本語が話せることが社会的な成功につながることも少なくなかったという。このような台湾社会における日本語の高い普及率と多方面に浸透した日本的要素は新政府の想像をはるかに超えるものであり、それらを払拭するため、1946年、各新聞・雑誌における「日本語」使用を排除したが、日本語を知識獲得のための手段としていた人々からは多くの反対の声が上がった（陳, 2006）。また、1947年の228事件[3]では、政府はその遠因を日本文化の悪影響によるものとみなし、それを払拭するため、日本の映画、歌曲、服飾など日本にかかわる一切を禁じて日本的要素への規制を強化することで祖国や民族教育の強化を図ろうとした。

このような社会状況下の日本イメージについては李（2005）に詳しく、1945年から蔣介石が大陸から全面撤退する1949年までの4年間に台湾人の中で生じた日本イメージの変化が詳細に記述されている。日本統治期に日本人に対するアンビバレントな感情から、台湾人が中国に対して描いていた「祖国＝中国」というイメージは、終戦後、大陸から到来した国民党政府の悪政やその倫理観に対する失望・落胆により完全に下落し、新政府（ないしは中国）はかつての日本と同等の「植民地支配者」とみなされるようになったという。こうして結果的に同等となった中国と日本との間で比較が生じ、日本植民地時期の長所が思い出されたことから一度イメージダウンした日本が再びそのイメージを浮上させていったのだと、李は言う。

このことを示す顕著な例として、李は「日本語の能動的な再使用」を挙げている。日本語が使用できることは、日本植民地時期経験の中でも「最も弁別しやすくて、習得し難い際立った特徴」としてみなされ、228事件の際には、本省人である「我々」と外省人である「他者」を区別する基準となったと言う。また、そこでは士気を鼓

舞するために日本の軍歌が歌われ、日本の軍服が着用されるとともに、日本の文字が使われたという。このように、日本統治時代には同化を迫られ「国語」として強要された言語であった日本語が、国民党政府に対する不信感から、「敵（＝国民党）の敵（＝日本）の言葉」（李，2005）としての価値を付与され、それを使用することが政府への抵抗を示す象徴となった。李は、台湾人が「『日本』を通じて外省人／政府と区別されようとした」ことで、そこに独自の台湾ナショナリズムの形成が緩やかに進行していったと結論づけている。

　228事件以降、政府による日本的要素への抑圧は厳正化されるが、日本語使用の禁止とともに、1949年以降は本省人と外省人との使用言語を統合し「中国化」を図るため「国語＝北京語」の普及が推進され、本省人の母語である閩南語や客家語等の方言使用や先住民の母語使用までもが規制された。そのため、日本色のある文化商品は有害であるとされ、自由な流通ができなかった。それでも、あらゆる日本の文化商品が海賊版等をはじめとしてアンダーグラウンドで消費され続けた（鄭，2002）ということから見ても、政府による抑圧に対する民衆の抵抗が、後の日本ブームの下地となったものと考えられている（鄭，2002；李，2007など）。

3）90年代以降の日本イメージ

　1987年の戒厳令解除や、日本語による教育を受けて育ったいわゆる日本語世代であり、本省人として初の総統に就任した李登輝による政権誕生以降、台湾社会に沸き起こった変革により日本語や「日本」の位置づけは再び転換を遂げる。戦後、政府当局によって敷かれ続けた日本語や日本への規制は、90年代に入り大きく動き出すが、その中で大きな役割を果たすのが日本の大衆文化の1つである日本ドラマの浸透である。

第5章 「日本語」の位置づけからみる台湾の日本イメージ形成の背景要因

　日本ドラマによる日本ブーム沸騰の背景には、台湾社会におけるメディア環境の変容が大きかったという（伊藤，2004；岩渕，2001；鄭，2002；丸川，2000など）。1962年以降開局した台湾のテレビ局3局はすべて国民党政権とのつながりが深く、内容にも制限があるため、人々の不満は高かった。このような状況下で、80年代、非合法ながらケーブルテレビが発達し、1987年の戒厳令解除以降、普及は顕著となった。ケーブル放送局の1つで1991年から中華系向けにアジアで放送を開始した香港スターTVが1992年に北京語で放送した日本ドラマが大きな反響を呼んだのをきっかけに、以後、ケーブルテレビでの日本ドラマの放送が相次ぎ、一般世帯における日本ドラマ視聴が広がるとともに日本ブームが巻き起こった（伊藤，2004）。このような事態を受け、政府は1993年から94年にかけて条件付きながら日本の歌・ドラマ・映画を解禁せざるをえなくなり、ケーブルテレビも合法化されるに至ったという。こうして、政府による抑圧のため長年アンダーグラウンドで享受されてきた日本の大衆文化は台湾において堂々と消費される対象となり、日本のテレビ番組が地上波にも拡大し、1997年には日本語による日本ドラマ放送も見られるようになった。このような「日本」にかかわる変革は、一方で教育面での変化とも同調し、94年以降、大学の日本語学科増設が相次ぐとともに高校カリキュラムにおいても第二外国語としての選択が開始されるなど、文化商品と日本語普及との相乗的な作用を生むに至ったという（鄭，2002）。

　このように、台湾の大きな社会変革の時期においては、日本語や日本の大衆文化を含む日本のイメージ自体が、まさに民主化による変革の象徴的役割を担っていたとも言えよう。台湾におけるケーブルテレビの普及は「80％以上の家庭がおよそ70チャンネルを毎日楽しむ」と言われるほどの状況であるが、その日本語ケーブルチャン

ネル会社設立に携わった台湾人経営者の多くが日本統治時代経験のある日本語が堪能な者であった（岩渕, 2001）というのは、注目すべきであろう。

日本イメージ形成要因としての日本大衆文化の受容

　ここまで、台湾における歴史的経緯の中で日本語の位置づけや日本イメージが変容を遂げてきたことを述べたが、90年代以降の台湾における日本の大衆文化の変容は日本イメージの形成にいかなる形で寄与したのであろうか。

　90年以降に沸き起こった日本ブームは、「哈日族」と呼ばれる、若者を中心とした熱狂的な日本好きを生み出したが、それらの日本の大衆文化の中で最も波及効果が大きかったものが日本ドラマであると言われる（岩渕, 2001；酒井, 2004）。10代・20代の視聴者層の間で「日本偶像劇」[4]の人気は高く、これまでに行われた研究では、なぜそれが台湾においてこれほどまでに受容され、支持されたのかを解明することに関心が集まった。

　日本ドラマにはそれまでの台湾ドラマが所持していなかった特徴が見られたことが、受容要因として大きく作用したと言われている。その特徴とは、ドラマのストーリー展開やキャラクターの魅力とともに、それらへの感情移入を高めるのに効果的に使用されるBGM、連続12回程度というストーリーの簡潔さ（岩渕, 2001）、現代的でおしゃれな生活、都市生活の表象（柯, 2003）、携帯電話やさまざまな小道具の使いこなし方や、おしゃれでウィットに富む会話のやり取り、最先端の都市建築をバックにしたロケ地の雰囲気等の演出（伊藤, 2004）等々である。

　中でも、若年の視聴者へのインタビューの中で言及された共通

事項は、ドラマ視聴を通して感じる「リアルさ」であるという（岩渕，2001；伊藤，2003；李，2006など）。すなわち、日本ドラマは身近で感情移入しやすく、「日本は見習えて自分でもできそうな、なれそうな気にさせる『リアリズム』を提供する」（岩渕，2001）、また、日本ドラマには「自分の周りにも起こるかもしれない」と感じさせる「現実感」と「非－現実感」の錯綜した関係が綴られる（伊藤，2003）という点が、視聴者からの圧倒的な支持を得る要因となっているという。

このような日本ドラマの視聴を通して形成される日本イメージについて、李（2006）は、台湾の20代の視聴者へのインタビューを通して、恋愛を題材とした日本ドラマが視聴者のいかなる日本イメージ形成に結びつくかを検討した。その結果、日本恋愛ドラマにおける登場人物の振る舞い、衣装、登場人物の部屋の内装、ライフスタイルに至るまでがファッショナブルでリアルさを表現しており、それらがたびたび画面に映し出される東京を中心とした日本の街並みと重なって、「日本＝流行の先端」というイメージを作り出すという。その細緻さとリアルさはロマンチックな雰囲気を醸成するとともに視聴者が恋愛感情に共鳴するのにも貢献し、これによって、日本恋愛ドラマは「上品」でありそれを鑑賞する行為自体「ハイ＝ソサエティな感じ」を付与されるという。この日本恋愛ドラマの印象が日本イメージにも投射され、日本ドラマは「日本を広告する機能」を持つことになるという。日本恋愛ドラマの視聴が、たとえば、「あのドラマに現れる製品を使いたい」というような実際の日本製品の消費行動を誘発するなど、ドラマの放送によってファッションや商品等の流行が形成されていく。同時に、その消費行動は製品の購入だけではなくドラマのロケ地をはじめとした日本への旅行にも結びつく。このようにして、日本恋愛ドラマは消費者の興味をドラマ自

体から「日本製品」、ひいては「日本」それ自体へと拡大させていると、李は述べる。

　以上のような李の指摘は、日本ドラマの視聴によりドラマの持つ特徴がいかに日本イメージの形成に結びつくかを示している。ただし、ここで言う「日本」は「虚像」であって、必ずしも実際の日本国を指すとは限らないこと、また、これらの視聴者が実際の日本に直面したとき、描いていた虚像との間にギャップを感じる可能性についても、李は指摘している。

　このように、台湾社会において、日本大衆文化の中で日本ドラマの受容・浸透は現代的な日本イメージの形成に直接的に関与していると考えられるが、台湾社会における日本大衆文化の圧倒的な支持・受容は台湾社会が持つ複雑な歴史的・政治的変容と多言語・多文化社会であるという文化的背景の上に成り立つものであり、それらと切り離して捉えることはできないことを、複数の研究が指摘している（岩渕, 2001；伊藤, 2004；酒井, 2004；柯, 2003など）。たとえば、岩渕（2001）は、台湾には食、住居、言語と日本の文化的影響力が深く刻まれ、日本統治期に育った世代の中には、「日本の植民地支配による傷痕と国民党政権による弾圧で自らの人生が二重に否定されたことへの反動として日本統治を肯定的に思い返す人達が少なからず存在している」と述べ、このような台湾社会の現状が、韓国の場合とは異なって現在の日本の大衆文化の台湾への流入と受容をたやすいものにしているという。それゆえ、岩渕は、台湾における日本の大衆文化の受容要因は、岩渕自身の研究を通して明らかとなった日本と台湾との間で感じられるリアリティを伴う「文化的な近さ」ではあるものの、その「近さ」とは単なる人種的・文化的な「近似性」ではなく、歴史的文脈という時間軸を視座に含めた「近時性」と捉えるべきであるとしている。

また、伊藤（2004）は日本大衆文化の受容・浸透と台湾の「多言語社会」であるということとの関連性を指摘する。中国化を目的とした日本語使用の禁止と母語使用の規制の中で、「北京語と台湾語をめぐる位階関係、さらに言えば、こうした言語をめぐる関係の基底をなす外省人と本省人との間の文化的でもあり政治的でもある複雑な関係――それはまたエリート層と労働者階級という階級間の利害対立をはらみ、国民党支持と反国民党という明らかな政治的対立をも内部にはらむ関係――」が、植民地解放後の日本文化の受容を深いレベルで規定していたのだと、伊藤は述べる。それゆえ、鄭（2002）の指摘にもあるように、90年代以降の日本や日本語の解禁に伴い「日本」を自由に享受できるようになったことは、過去の歴史に囚われない新しい世代を生む一方、各エスニック・グループの記憶や経験による哈日、反日、親日等の感情や言説の顕在化にもまた結びつく可能性を生むのである。

　2001年以降、台湾では、放送権が安価で視聴者層が必ずしも20代に限定されない韓国ドラマの流入や、日本ドラマの手法を取り入れて制作されるようになった台湾偶像劇の浸透が顕著となったことなどから、「日本ドラマの受容は斜陽を迎えた」と言われる（李,2007）。しかしながら、李は、だからといって日本の大衆文化受容や、日本製品によってもたらされた信頼度や日本イメージそれ自体が消滅するものではないこともまた指摘している。長期にわたる政治的統制と文化的空白の中で、日本の大衆文化がアンダーグラウンドにおいて台湾の人々によって消費され続け、その後の発展の基礎を築いてきたこと、また、国民党政府の統治への抵抗や対抗意識が日本への好感を形成したことが、90年代の台湾社会における日本の大衆文化の受容と浸透を可能にする重要な役割を果たしたと言うのである。台湾における日本イメージの形成はこのような社会的背景

から成り立つものであることを、十分に念頭に置く必要がある。また、鄭（2002）でも指摘されているように、「日本の文化商品に対する台湾の受容には、近代性への憧れ、歴史的なコンプレックス、植民地支配のトラウマ、外交上の緊張関係によるナショナリズムの葛藤などが見える」ことから、台湾における日本イメージを捉えようとするとき、多角的な視座からの検討が必要とされるのである。

家庭環境における日本語の位置づけ

　台湾における日本イメージの形成には、上述の日本大衆文化の他に、家庭環境の影響の可能性についてもこれまでに何度も指摘されてきた。台湾社会において独特とも言える特徴としては、世代間による言語的価値観や教育経験等の差が挙げられる。すなわち、日本統治期において「国語＝日本語」教育を受けた日本語世代は、元々母語として使用していた閩南語や客家語、先住民諸語を第一言語とし、日本語が第二言語となっている人々である。これらの人々の中には、日本語による学校教育を受けた年数やそこで形成された人間関係等から、日本語に強い思い入れを持つ人々も少なくない。しかし、戦後、国民党政府による中国化政策のもとで反日教育を受けた世代は、第一言語が各家庭の母語であるものの、第二言語は「国語＝北京語」であるため、日本語世代の価値観や経験への理解が必ずしも共有されていない。さらに、その後の世代として、日本語使用・母語使用がともに規制されたことから第一言語が「国語＝北京語」となり、母語が十分に使えなくなった人々が続く。このため、台湾社会においては家庭内における祖父母・子・孫の三世代での言語的価値観の共有に少なからず困難が生じているという現状がある。

　台湾社会におけるこのような現状に言及する際、しばしば引き合

いに出されるのが、台湾映画『多桑(トウサン)』[5]である。この作品では、日本語世代であり、228事件等による国民党への強い反発から戦後も日本への思い入れを持ち続ける父親が、国民党による反日教育を受けて育った世代である息子の目を通して描かれる。この作品には日本語世代が抱く日本へのノスタルジーが象徴的に描かれているが、これについて丸川（2000）は、そのような日本時代へのノスタルジーを、「228事件という脱植民地化の挫折から派生してくるもの」と捉えている。鄭（2002）は「台湾人（本省人）は主体的な脱日本化を行ってこなかった」ゆえ、「植民地時代に対する、異様なノスタルジーがポスト日本化の時期に染み出る」と述べている。たとえ押しつけられたものであったにせよ困難の末に獲得し、身体に染み込んだ日本語が、政権交代によって突如その使用を禁じられ、自らの選択や意思にかかわらずそれまでの思考や情報獲得の手段を失った。同時に母語使用も規制され、代わりに北京語の習得を迫られたことは、彼らにとってアイデンティティの喪失にも等しい。それゆえ、日本語世代が経験した期待と落胆、憤り等の体験を通して溢れ出る感情は、当事者以外には容易に理解・共鳴が困難なものであろう。

　また、平野（2007）は、日本語世代が今なお抱き続ける日本への思いを追ったノンフィクションの中で、日本語世代と彼らの子である戦後世代を対象とした独自のアンケート結果を報告している。そこでは、反日教育世代は日本語世代である親とは半数以上が台湾語で話し、自身の子の世代とは約半数が北京語で話すという家庭内における複数言語使用の状況や、世代間のライフスタイルをはじめとした価値観の相違が示されている。

　このような家庭環境における日本語の位置づけや、そこで抱かれる日本イメージはまた、その家庭のエスニック・アイデンティティとも深く関連するものと考えられる。多言語多文化で構成される台

湾社会は、福建省南部出身とされ閩南語を話す福佬人、広東省出身で客家語を話す客家人という2つの漢人グループと、それ以前から台湾に居住していた南方系の先住民族から構成されていたが、そこに戦後、国民党軍として大陸のさまざまな方言を持った漢人がこの社会に加わった。それにより、政治的対立から「本省人」「外省人」という新たな区分が生まれただけでなく、その区分が以後のエスニック・グループ間のさまざまな葛藤や対立を生む要因ともなった。現在の台湾社会では、このようなエスニック・グループにかかわる区別の否定的な作用を払拭しようという動きが一般的であるが、その家庭がいかなるエスニック・グループに属すかによっても、日本語の位置づけや日本イメージは左右されるであろう。

このようなエスニック・アイデンティティと日本語の位置づけを示す事例研究には、堀江（2006）や西村（2006）がある。堀江は日本語世代である客家人女性へのインタビューから、同じ漢族で圧倒的多数派である福佬人への対抗意識から生じる客家特有の「日本」意識や、他のエスニック・グループとのコミュニケーション・ツールとしての日本語の位置づけを明らかにしている。また、西村は、先住民族の1つであるアミ族にとっての「日本語」が、かつて隣接地域に住む他集団との共通語として機能し、また日本語を使用することによって出稼ぎという所属集団の外への社会進出を可能にしていた事例を挙げている。

以上のように、台湾における日本イメージは、世代間の差や各家庭のエスニック・アイデンティティが複雑に絡み合い、形成されていると考えられる。それは、篠原（2003）でも示されたように、単にその家庭に日本語話者が存在するかどうかより、家庭内で日本語がいかに位置づけられ、機能し、世代を超えていかなる形で語り継がれるのかがその形成に密接にかかわるものと考えられる。これに

関してはまだ研究が十分に行われていないため、今後、多くの成果を積み重ね、検討する必要があろう。

まとめと今後の課題

　以上、本章では、台湾における日本イメージ形成にかかわる背景要因について、日本語の位置づけに着目しながら検討してきた。現代の台湾社会における日本イメージ形成の背景には、台湾社会が辿ってきたさまざまな歴史的経緯や政治的・社会的文脈が関与しており、それらを理解することが、台湾独自の日本イメージへの理解にもつながるであろう。

　本章における検討を通して示されたのは、以下の点である。第一に、台湾社会における現代の日本イメージは肯定的であるが、これは歴史的経緯の中で各時期の政治的・社会的情勢の影響を受けながら変容を遂げて現在に至るという点である。本章では、日本イメージ形成の要因を探るための1つの手がかりとして、各時代における日本語の位置づけに着目したが、その変容の過程は台湾における台湾人としてのアイデンティティ形成とも深くかかわっていることが明らかである。戦後、多くの台湾人にとって日本語の使用が拒否されなかったばかりか、なぜ好んで「愛用」されるようになったのかについてはまだ十分な議論がなされていない（何，2007）という指摘も見られるが、歴史的経緯の中での日本語の位置づけに着目しつつ、社会背景と日本イメージとの関連を知ることが、台湾独自の様相を理解することにもつながるものと考えられる。

　第二に、台湾社会における現代の日本イメージ形成には、台湾社会における日本の大衆文化の受容と家庭環境の影響が切り離せない点である。台湾社会において、日本の大衆文化が政治規制下におい

ても消費され続け、民主化の高まりの中で社会変革の実現に至ったことが、その後の熱狂的な日本の大衆文化の受容を支える素地となっていることは否定できない。また、家庭環境において見られる世代間の格差や各家庭のエスニック・アイデンティティによって日本語の位置づけが異なり、日本イメージもまた影響を受ける可能性があることも考慮に入れなければならない。

　本研究では、日本ドラマ以外の大衆文化の受容の状況や、鄭（2002）をはじめ複数の研究が触れているような中国本土やアメリカと台湾との関係、さらには台湾における歴史教育等の中で日本がいかに描かれていたかについては検討することができなかった。台湾社会における日本イメージをより深く理解するためには、これらの関与についても検討を加えることが必要であろう。このような多様な視座から台湾における日本イメージを眺めるとともに、アジア諸地域における対話のあり方を検討していくことが、更なる今後の追究課題であると考える。

[注]
(1)　「台湾人」という言葉は多義的であると言われるが、ここでは、広義の、台湾に住み、台湾にアイデンティティを持つ者（五十嵐・三尾，2006：324）という意味で使用する。なお、先行研究の表記はそれに従うものとする。
(2)　戒厳令とは、非常時に通常の行政、司法権の停止と軍による一国の全部または一部の支配の実現を可能にする法令を指すが、台湾の場合は 1949 年 5 月 20 日に施行され、1987 年 7 月 15 日まで 38 年にわたって続いた（五十嵐・三尾，2006：325）。
(3)　228 事件とは、五十嵐・三尾（2006：323）等に詳しいが、1947 年 2 月 27 日、ヤミ煙草売りの台湾人（本省人）女性への外省人調査官による殴打に抗議した台湾人群衆に対し、調査官が威嚇発砲したことにより死者が出、翌 28 日から国民党政府への台湾人による抗議行動や暴動

が台湾全土に広がり、政府による武力弾圧に発展した事件である。
(4) 「日本偶像劇」とは「日本のアイドルドラマ」(酒井, 2004) の意であり、20代を中心とした若者世代を主な視聴者と想定したもので、日本の有名な俳優・女優が主演するためこのように呼ばれている。
(5) 『多桑— A Borrowed Life —』は1994年に公開された台湾映画であり、監督は呉念眞である。

[参考文献]

陳培豊 (2006)「第一章　反植民地主義と近代化—国語「同化」教育の再検討」古川ちかし・林珠雪・川口隆行編著 (2007)『台湾・韓国・沖縄で日本語は何をしたのか—言語支配のもたらすもの』三元社, 20-39.

古川ちかし・林珠雪・川口隆行編著 (2007)『台湾・韓国・沖縄で日本語は何をしたのか—言語支配のもたらすもの』三元社.

何義麟 (2007)「第三章　戦後台湾における日本語使用禁止政策の変遷—活字メディアの管理政策を中心として」古川ちかし・林珠雪・川口隆行編著 (2007)『台湾・韓国・沖縄で日本語は何をしたのか—言語支配のもたらすもの』三元社, 58-83.

平野久美子 (2007)『トオサンの桜—散りゆく台湾の中の日本』小学館.

堀江俊一 (2006)「二つの「日本」—客家民系を中心とする台湾人の「日本」意識」五十嵐真子・三尾裕子編著『戦後台湾における〈日本〉—植民地経験の連続・変貌・利用』風響社, 93-120.

五十嵐真子・三尾裕子編著 (2006)『戦後台湾における〈日本〉—植民地経験の連続・変貌・利用』風響社.

伊藤守 (2003)「九十年代の日本のテレビドラマに見る女性性の表象」岩渕功一編 (2003)『グローバル・プリズム—〈アジアン・ドリーム〉としての日本のテレビドラマ』平凡社, 39-62.

伊藤守 (2004)「『日本偶像劇』と錯綜するアイデンティティ」岩渕功一編 (2004)『越える文化、交錯する境界—トランス・アジアを翔るメディア文化』山川出版社, 26-43.

岩渕功一 (2001)『トランスナショナル・ジャパン—アジアをつなぐポピュラー文化』岩波書店.

岩渕功一編 (2003)『グローバル・プリズム—〈アジアン・ドリーム〉と

しての日本のテレビドラマ』平凡社.

加賀美常美代・守谷智美・岩井朝乃・朴志仙・沈貞美（2008）「韓国における小・中・高・大学生の日本イメージの形成過程―『九分割統合絵画法』による分析から」異文化間教育学会編『異文化間教育』第28号，異文化間教育学会，60-73.

加賀美常美代・守谷智美・楊孟勲・堀切友紀子（2008）「台湾の日本イメージの形成過程―描画の分析から」『2008年度異文化間教育学会第29回大会予稿集』異文化間教育学会，68-69.

甲斐ますみ（1995）「台湾における新しい世代の中の日本語」『日本語教育』第85号，日本語教育学会，135-150.

甲斐ますみ（1996）「言語的背景、及び社会的環境から見た台湾人青年層の中の日本語」『岡山大学留学生センター紀要』第4号，岡山大学留学生センター，21-42.

甲斐ますみ（1997）「台湾人老年層の言語生活と日本語意識」『日本語教育』第93号，日本語教育学会，3-13.

柯裕棻（2003）「日本のアイドルドラマと台湾における欲望のかたち」岩渕功一編（2003）『グローバル・プリズム―〈アジアン・ドリーム〉としての日本のテレビドラマ』平凡社，151-182.

李衣雲（2005）「実像と虚像の衝突―戦後台湾における日本イメージの再上昇の意味，1945-1949」『情報学研究―学環―東京大学大学院情報学環紀要』第69号，東京大学，137-159.

李衣雲（2006）「台湾における日本恋愛ドラマと日本イメージの関係について」『マス・コミュニケーション研究』第69号，日本マス・コミュニケーション学会，108-125.

李衣雲（2007）『台湾における「日本」イメージの変化、1945-2003―「哈日現象」の展開について』東京大学大学院人文社会系研究科博士論文.

丸川哲史（2000）『台湾、ポストコロニアルの身体』青土社.

西村一之（2006）「台湾先住民アミの出稼ぎと日本語―遠洋漁業を例として」五十嵐真子・三尾裕子編著『戦後台湾における〈日本〉―植民地経験の連続・変貌・利用』風響社，155-186.

酒井亨（2004）『哈日族―なぜ日本が好きなのか』光文社.

篠原信行（2003）「台湾の大学生の日本と日本語に関する意識とそのイメー

ジ形成に影響を与える要因について」『日本言語文芸研究』第4号，台灣日本語言文藝研究學會，117-137.

鄭秀娟（2002）「台湾の文化市場における『日本』の歴史的構築――グローバル化の中の/に対する主体の政治」『思想』第933号，岩波書店，268-287.

第6章

家庭環境・大衆文化・歴史教育から探る台湾の日本イメージ形成の背景要因

守谷智美・加賀美常美代・楊孟勲

問題の所在と研究目的

　近年、グローバル化の進行に伴い、日本と台湾との間でも相互の関心が高まっている。ビジネス・留学・観光等を通した交流がますます盛んになる中で、日台間の相互の親近感も高まりを見せている。台北駐日経済文化代表処（2009）による近年の調査結果では、台湾に対して「親近感を感じる」と答えた日本人対象者は過半数を占めていた。また、交流協会（2010）による対日世論調査の結果でも、「最も好きな国（地域）」として「日本」を挙げる台湾人対象者が過半数を占め第1位となっており、「日本に親しみを感じる」との回答も6割を超えていた。

　こうした日台相互の親近感の高揚の一方で、台湾においては日本への不信感も依然として残る。交流協会による上述の調査（交流協会, 2010）では、日本を「信頼できない」とする回答が1割見られ、その主な理由として「過去の歴史的経緯」が挙げられている。この「過去の歴史的経緯」がどのようなことを指すのか、それに関する具体的記述は見られない。しかし、ここには台湾と日本や中国との関係、

また政治的立場や個人の状況など、台湾社会がこれまでに経験してきた歴史的経緯の中でのさまざまな論点が含まれていると考えられる。台湾では、日本統治時代にその統治政策の一環として日本語が「国語」として位置づけられ、日本語の使用が推奨された。戦後の国民党統治による戒厳令下では一転して中国への同化政策が図られ、日本語使用が禁止されるなど、日本は政府による批判の対象となった。この過程で台湾社会が経験してきたことを単純化して語ることは不可能だが、少なくとも台湾が背負うこのような複雑な歴史的経緯が台湾における日本イメージに今なお多大な影響を持つことを念頭に置いておかなければならない。

台湾における日本イメージについてはこれまでにいくつか研究が行われてきたが、台湾の若い世代を対象とした研究には以下のようなものが見られる。まず、甲斐（1995；1996）はその一連の研究において、台湾人青年層の日本語への意識の解明等を目的とした質問紙調査を行った。その結果、台湾人青年層の日本語への意識は全体として肯定的であり、そこには日本の大衆文化の影響が見られた（甲斐, 1995）。また、祖父母や父母、兄弟などの近親者が日本語を理解するかどうかが台湾人青年層の対日本語・日本人・日本観に影響する可能性が示唆された（甲斐, 1996）。同様に、台湾の大学生を対象とし、日本および日本語への意識の解明を目的とした篠原（2003）の調査でも、対象者の8割以上が日本に対する好意的なイメージを所持していることが示され、その背景に台湾における日本の漫画やアニメ等の大衆文化の影響があることがうかがえた。また、対象者の過半数の家庭内に日本語話者がいることから、日本語が聞ける環境で育つことが肯定的な日本イメージの形成に結びつく可能性が指摘されている。

これらの研究は台湾の大学生の世代を中心としたものであったが、

加賀美・守谷・楊・堀切（2009）は発達段階別の日本イメージを解明するため、台湾の小・中・高・大学生計475名を対象とし、九分割統合絵画法による日本イメージの描画の収集とその内容の分析を行った。その結果、対象者によって描かれた4043例の描画は、多い順に「観光」「大衆文化」等、「不詳」を含め計14のカテゴリーに分類された。これらをさらにイメージ別に分類したところ、結果として肯定・中立イメージが同程度に多く、合わせて9割を超え、否定イメージは僅少であった。この傾向は小学生から認められ、しかも時系列的に大きな変化が見られなかったことから、台湾においてはすでに小学生の段階から日本に対するイメージが形成され安定化していることが明らかとなった。

　このような様相を持つ台湾の日本イメージの背景となる要因を探るべく、守谷・楊・加賀美（2009）は関連文献による研究を行った。その結果、台湾における日本イメージが激動の時代背景の中で変容を遂げてきたこと、また台湾の家庭環境や日常的な日本の大衆文化との接触が日本イメージ形成に大きく関与する可能性が指摘されている。

　以上のように、これまでの研究結果から、台湾の若者が抱く日本イメージの形成には家庭環境および日本の大衆文化が形成要因として重要な役割を担っていることが共通して示される。しかし、これらの要因が日本イメージの形成にどのようにかかわっているのかについてはこれまでに明らかにされていない。台湾における日本の大衆文化との接触と日本イメージ形成との関連については、これまでにも複数の研究で指摘されている。たとえば、日本の人気俳優らが出演するドラマの視聴が都会的・先進的な日本イメージの形成に結びつくことなどである（岩渕，2001；李，2006など）。しかし、実証的な調査に基づく解明はまだ十分であるとは言えない。

第6章　家庭環境・大衆文化・歴史教育から探る台湾の日本イメージ形成の背景要因

　また、ある社会における日本イメージの背景要因を検討する際、歴史教育の影響についても考慮する必要がある。岩井・朴・加賀美・守谷（2008）は韓国における日本イメージに関する文献研究を行い、韓国における戦争、侵略等の日本イメージには学校教育を中心とした歴史教育の影響が多大であることを指摘している。本研究においても、この歴史教育の視点を考慮に入れることが肝要であろう。

　そのため、本研究では、台湾の20代および30代の若い世代を対象とし、家庭環境や日本の大衆文化との接触および学校教育を中心とした歴史教育の影響が対象者の日本イメージ形成にどのように関与しているのかを質的に検討することを目的とする。

研究方法

　2009年7月から9月にかけ、東京とその近郊に居住する20代および30代の台湾出身男女9名（20代5名、30代4名）を対象とし、インタビュー調査を行った。調査対象者の属性は表6-1のとおりである。

　インタビューにあたり、加賀美ほか（2009）、守谷ほか（2009）等を参考に共同研究者3名で検討を行い、質問項目を作成した。質問項目は、家庭での日本語使用状況、日本の大衆文化とのかかわり、学校における歴史教育の状況等、計8カテゴリーから構成される。インタビューは、対象者9名に対し1対1の形式で行い、共同研究者3名がこれを分担した。ここでは、対象者の状況に柔軟に対応できることを重視するため、半構造化面接の手法を採用した。一人あたりのインタビュー実施時間は40分から1時間程度である。対象者の日本での居住期間はインタビュー時点で延べ4カ月から11年までとばらつきが見られたが、居住期間にかかわらず全員が高度な日本語力を有していた。インタビューにおいては日本語での回答が

表6-1 対象者の属性

対象者	年齢	性別	専攻	日本居住期間	立場、滞在目的
A	20代前半	女性	日本語	1年3カ月	留学生
B	20代前半	女性	日本語	1年3カ月	留学生
C	20代前半	女性	日本語	4カ月	留学生
D	20代後半	男性	英語、日本語	4年	留学生
E	20代後半	男性	国際経済	4年3カ月	留学生
F	30代前半	男性	情報工学	11年	社会人
G	30代後半	女性	社会学	4年3カ月	社会人(日本人配偶者との結婚)
H	30代前半	女性	日本語	10年	社会人
I	30代前半	女性	日本語	3年7カ月	留学生

困難な場合は母語の使用も可能であるとしたが、実際の使用言語は対象者全員が日本語であった。インタビュー内容は対象者の許可を得て録音され、これをすべて文字化した後、本研究の目的と合致する「家庭環境の影響」「日本の大衆文化とのかかわり」「歴史教育の影響」の3点にかかわるものを抽出し、分析対象とした。

データ分析に際しては、KJ法(川喜田, 1967)の手法に基づき、内容ごとのまとまりに分けた上でそれぞれラベルづけとカテゴリー化を行った後、さらに上位カテゴリーに分類・整理した。これらのラベル名およびカテゴリーの確定にあたっては、信頼性を得るため共同研究者間の協議の上で決定した。

結果と考察

1) 家庭環境と日本イメージ形成との関連

家庭環境と日本イメージ形成との関連を検討するため、家庭内の日本語使用状況に着目し、家族[1]に日本語話者がいるか、また「いる」

第6章　家庭環境・大衆文化・歴史教育から探る台湾の日本イメージ形成の背景要因

場合、家庭内での日本語使用頻度や使用状況はどのようなものであるかという2つの観点を基準とし、データを検討した。これにより、対象者9名の家庭環境における日本語使用状況を、「常時使用型」「散発的使用型」「限定的使用型」「非使用型」の4つのタイプに分類した。以下、表6-2に詳細を示し、各ケースについて事例を挙げつつ検討する[(2)]。

まず、家族に日本語話者がおり、家庭内で台湾語と並んで日本語使用が幼少時より頻繁に見られるケースを「常時使用型」とした(対象者Cが該当)。対象者Cは、小学校6年生まで日本統治下で日本語による教育を受けた祖母と10歳まで同居しており、日常的に祖母の

表6-2　家庭環境における日本語使用状況

ケースタイプ	家庭環境における日本語使用状況				家庭環境による日本イメージへの影響
	家庭内の日本語話者の存在	家庭内の日本語使用頻度	日本語使用の状況（詳細）	対象者	
常時使用型	いる	頻繁	・祖母 ・会うたびに日本語で話す ・幼少時より日本語を聞いて育った	C	有
散発的使用型	いる	たまに	・伯父・伯母・祖父・祖母 ・単語・単文レベルでの日本語使用が多い ・日本語話者である家族から対象者への日本語使用（対象者は日本語で対応／非対応）	D	有
				E	無
				H	有
				I	無
限定的使用型	いる	限定的状況下	・祖父・祖母・伯父・母親 ・単語・単文レベルでの日本語使用 ・日本語話者である家族から第三者の日本人への日本語使用 ・家族間の日本語使用は見られない	A	無
				F	有
				G	有
非使用型	いない	—	・家庭内での日本語使用は見られない	B	有

台湾語および日本語を聞いて育った。日本語で「桃太郎」の童謡も聴いていたという。Cが大学入学後、日本語を主専攻としてからは、台湾語と日本語で会話が行われるようになった。Cは「もし、自分が日本語をしゃべれれば、おばあちゃんと日本語でしゃべるから、うれしく思ってくれる」と述べ、自身の日本語学習への動機づけとして祖母の存在が大きく関与していることに言及した。このように、常時使用型では、家族による日本語使用が対象者によって肯定的に受け止められ、対象者自身の日本や日本語とのかかわりにも大きく影響を与えている様子が見られた。

　次に、家庭内に日本語話者がいるものの、日本語使用は頻繁ではなく、対象者に対する日本語使用が時折見られる程度であるケースを「散発的使用型」とした（対象者D，E，H，Iが該当）。このケースにおける家庭内の日本語話者とは日本統治下での教育を受けた祖父母や日本語学習経験を持つ伯父・伯母であり、その日本語使用は単語レベルや１文のみに限られるとともに、日常的であると言えるほど頻繁ではない。そのためか、家族の日本語使用に対し対象者が日本語で応答するケース（対象者D，H，I）と応答しないケース（対象者E）が混在していた。たとえば、対象者Iは、自身の来日決定の際、祖母が日本語で話しかけてきたことに驚き、これを受け止めた上で自身も日本語で応答したという。一方、対象者Eは、祖父が時折日本語で話しかけてくることに対し、次のように述べる。

E：おじいちゃんも、日本語、ちょっとできるから、いろいろ通訳の仕事とか、働くの、会社の人の案内とか、日本の案内とか、たまにアルバイトみたいな感じで、もう定年だから、日本語できてるから、そういうことしてるから、（中略）おじいちゃんもたまに、そういう（日本人の友だちがいきなり中国語で話して

くるような）日本語を話してくるんですよ。俺、どうやって対応すればいいかなあって、そういう感じです。もし会話があっても。

　インタビューの中でEは祖父が日本語を話せることを「よいこと」と評価しつつも、祖父の日本語使用に対し「日本人の友だちがいきなり中国語で話してくるような」違和感を覚え、結果として日本語で応じない。このように、「散発的使用型」では、対象者が散発的に見られる家族の日本語使用を必ずしも受容できない複雑さを抱える様子がうかがえた。
　さらに、家庭内に日本語話者がいるが、その日本語使用が限定的な条件下でのみ見られるケースを「限定的使用型」とした（対象者A，F，Gが該当）。このケースにおける家庭内の日本語話者とは、日本語世代である祖父母や伯父、また対象者自身の母親を指し、日本語話者から第三者の日本人への日本語使用のみが見られることが特徴的である。たとえば、対象者Gは日本人の夫とともに帰省した際の祖母の日本語使用を次のように述べている。

G：昔、結構、小学校のときから日本語教育受けましたので、二人のおばあちゃん、しゃべられます。だんながきましたら3人とか4人とかで一緒にしゃべりますけど、（中略）そのとき、私じゃない、だんなに聞いて、いつきましたか、とか、何を食べたかとか、日本はどうですかって、そういうみたいの話なんですね。

　Gは、祖母からGの夫への日本語使用は見られるものの、G自身への日本語使用は一切なかったという。同様に対象者Aも日本人の友人を祖父のもとに伴った際、祖父が友人に日本語で話しかけるの

を見たが、それ以前に祖父の日本語使用は見られず、Aと祖父との間での日本語使用も一切なかったという。また、対象者Fの場合、母親が日本関連企業に勤務しており高度な日本語力を有し、Fの伯父もまた日本語教育を受けた日本語話者であるが、家庭内での日本語使用は見られなかったという。ただ、幼少時に母親の職場に伴われた際や伯父の日本訪問に同行した際に限り、日本語が使用されるのを見たのだという。このように、「限定的使用型」では、家庭内に日本語話者が存在するものの、台湾人同士での日本語使用は見られないことが共通した特徴であった。

　最後に、家庭環境において日本語話者が存在せず、日本語使用が一切見られないケースを「非使用型」とした（対象者Bが該当）。

　以上の4つのケースについて、家庭環境が自己の日本イメージ形成に影響を与えたと思うか尋ねたところ、日本語使用状況にかかわらず「有」・「無」が混在する結果となった。影響が「有」と答えたケースでは、常時使用型であるCに加え、Dのように家族全員で日本へ旅行したケースや、Fのように日本語教育を受けた世代である伯父達の礼儀・姿勢の正しさに敬意を感じ、そこから「礼儀正しい日本」のイメージ形成がなされたというケース、家庭内に日本語話者はいなかったが「自分と同じくらい家族の日本イメージは良かった」と述べたBのケース等が見られた。また、影響が「無」と答えたケースでは、家庭内では日本語や日本のことがあまり話題にならなかったというIのケースや、自身の日本語学習開始以降はむしろ自分が家族の日本イメージ形成に影響を与えているかもしれないというAやEの言及も見られた。

　一方で、家庭環境からの日本イメージ形成への影響はあると感じているが、それは日本語話者である祖母や伯母などからではなく、日本語は話せないものの日本に強い関心を持ち日常的に多くの情報

獲得や日本の大衆文化等との接触を図っている自身の父親や母親によるものであるというHやGのようなケースも見られた。たとえば、Gは、日本語が話せる祖母達よりも、日本語は話せないが日本好きの母親から強く影響を受け、家族全員が日本に親しみを感じていると述べている。

以上のことから、本研究では、対象者の家庭環境と日本イメージ形成との関連においては家庭内に日本語話者が存在するかどうか、また家庭内での日本語使用頻度や使用状況がどのようなものであるかが対象者の日本イメージ形成に直結するわけではないことが示された。つまり、家庭内での日本語使用状況にかかわらず、家族の成員が日本に対し肯定的な態度を有し、対象者がその成員と密度の濃い接触を持つ場合、それが対象者自身の日本イメージ形成に深く影響を及ぼす可能性が示唆された。

2）日本の大衆文化と日本イメージ形成との関連

日本の大衆文化[3]と日本イメージ形成との関連を検討するため対象者に日本の大衆文化への関心の有無を尋ねたところ、全員がこれまでに何らかの関心を持って日本の大衆文化と接触してきたことが明らかとなった。そのため、日本の大衆文化を「だれと」「どのように」楽しんできたのかの2点を基準として分析を行い、対象者の日本の大衆文化の楽しみ方を「主体的享受」と「誘発的享受」の2つに大きく分類した。表6-3に詳細を示す。

まず、「主体的享受」は、対象者個人の関心に基づいて日本の大衆文化を「単独」で楽しむケースである（対象者9名全員が該当）。ここには、日本ドラマへの関心とその視聴による影響を示す「日本ドラマへの関心」（7例）、日本漫画や漫画家への関心を示す「日本漫画への関心」（5例）、日本アニメへの関心・視聴とその影響を示

す「日本アニメへの関心」(3例)が見られ、日本のバラエティ番組やファッション等「その他の日本の大衆文化への関心」(4例)への言及も見られた。

一方、「誘発的享受」は、他者の影響で対象者が日本の大衆文化への関心を生起させたり、他者とともに楽しんだりするケースである。この「他者」には「友人」と「家族」の2つのケースがある。まず、「友人」と楽しむケース(対象者A, B, D, F, G, H)では、子どもの頃から友人間で日本の大衆文化が常に話題となり、友人の所有する日本製品から日本を意識してきたという「友人の日本志向による

表6-3 日本の大衆文化とのかかわり

ケースタイプ	対象者	享受者(だれと)	享受内容(どのように楽しむのか)	
主体的享受	全員	単独	日本ドラマへの関心(7)	日本ドラマによる日本関連情報の獲得(2)
				日本ドラマによる日本人イメージの獲得(2)
				日本ドラマの視聴・評価(2)
				日本ドラマによる日本語への関心の喚起
			日本漫画への関心(5)	日本漫画の購入・愛読(4)
				日本の漫画家への関心
			日本アニメへの関心(3)	日本アニメの視聴(2)
				日本アニメによる日本関連情報の獲得
			その他の日本の大衆文化への関心(4)	日本のバラエティ番組による日本への関心喚起
				日本のファッション雑誌の愛読
				日本のアイドルとJ－POPへの関心
				日本の食文化への関心
誘発的享受	A,B,D,F,G,H	友人	友人の日本志向による影響(6)	友人間での話題化(4)
				日本の大衆文化に関する友人からの影響(2)
			日本の大衆文化を媒介とした友人関係(4)	友人との趣味の共有(2)
				共通の趣味による親交(2)
	A,C,D,E,F,G,H,I	家族	家族の日本志向による影響(9)	家族の日本製品への志向(4)
				家族(母親/従姉/祖母)の日本および日本の大衆文化への関心の影響(4)
				家族の友人から贈られる日本製品への憧れ
			家族間での関心の共有(6)	家族での日本料理店での食事(3)
				家族での日本の歴史への関心の共有
				家族での日本の大衆文化の話題化
				家族での日本のドラマの視聴

第6章　家庭環境・大衆文化・歴史教育から探る台湾の日本イメージ形成の背景要因

影響」（6例）、友人とともに日本旅行や日本のゲームを楽しんだり、単に趣味を共有するだけでなくそれを通して共有の相手である台湾人・日本人の友人との親交を深めたりしたという「日本の大衆文化を媒介とした友人関係」（4例）が見られた。

また、日本の大衆文化を「家族」とともに楽しむケース（対象者A, C, D, E, F, G, H, I）では、家庭内での日本の電化製品や伝統品の選択的購入や、家族による日本語・台湾語によるカラオケ等の日本志向、また家族の友人から贈られる日本の玩具に憧れを抱いたなどの「家族の日本志向による影響」（9例）、家族揃っての日本料理店での食事や日本のドラマの視聴、家族間での日本の大衆文化についての会話、家族間で日本の歴史小説への関心等「家族間での関心の共有」（6例）が見られた。

単独での日本の大衆文化享受の様相からは、対象者にとって日本の大衆文化が「ただ楽しむ」だけのものではなく、日本関連情報の獲得のための手段となっていることがうかがえる。たとえば、対象者Aは一日3時間の日本ドラマ視聴を通して「仕事上のこととかも、テレビで学んだ」と述べている。同様に対象者Bも、日本の子どもアニメ番組の視聴を通して、日本の学校で上履きが使用されることを知り、台湾との差異に気づいたという。このように、対象者にとって日本の大衆文化の享受が日本社会にかかわる知識や情報の獲得にも結びついていたことが示された。

また、友人との日本の大衆文化享受においては、単に友人との間で日本の大衆文化が頻繁に話題に上ったり友人からの影響を受けたりするだけでなく、趣味の共有により親交を深めるなど、日本の大衆文化を通して対象者と友人との関係性が形成・維持されていたことが示された。たとえば、対象者Aは中学生のとき日本のアイドルのコンサートがきっかけで知り合った日本人と以後も手紙を交わし、

それが日本語学習への関心へと結びついていったと言う。また、対象者Gは、共通の趣味を持つ友人との親交の経験を以下のように述べている。

G：（専門学校時代）すごく日本を好きな友だち、二人すごい仲良くて、彼女、○○（日本のアイドル名）好きなんです。私、△△（別の日本のアイドル名）、好きだった。二人、いつも一緒にいて、台湾では日本専門のものを売っているビルがありますね。いつも休みのとき、いっしょに二人そっちに行って、音楽とか、流行ってるものとか買ったりして、アイドルの写真とか、あっちこっち見たりして。

Gの言及から、日本の大衆文化享受が友人関係の形成・維持にかかわる重要な役割を果たしていたことが明らかである。

　さらに、家族との日本の大衆文化享受においては、対象者が家庭内において幼少時から家族との日本の大衆文化享受の中で、多分にその見方の影響を受けてきたことが示された。たとえば、対象者Cは幼少時、従姉が日本のドラマや漫画に関心が高く、漫画本も多く所持していたことや、祖母の日本語や日本の話を多く聞いて育ったことから、日本語を主専攻とするに至ったと述べている。また、対象者Iは、家庭内において「パソコンは△△、魔法瓶は＊＊（△△、＊＊はいずれも日本のメーカー）」との日本製品への評価があったと述べている。さらに、対象者Gは、日本ドラマ好きの母親の影響で兄弟姉妹もまた共通の日本の俳優が好きになり、家族でともに日本ドラマ視聴を楽しんでいたという。

　このように、対象者は日本の大衆文化を単独で、また家族や友人とともに享受してきており、それらを通して日本イメージが形成さ

れてきたことが顕著である。対象者Dは家族共通の趣味である演歌をカラオケで楽しむことを通して、日本語に対するイメージを持つようになったことを次のように述べている。

D：演歌、うちの家族は大好きです。だから、子どものときから、暇、時間があったら家族が集まって演歌を歌ったり。日本語バージョンそのままのやつもあったし、台湾語に訳された日本語の歌を聴いて育ってきました。（家族が歌うのを）聞いてて、日本語、きれいな発音かなって感じました。

　一方で、日本の大衆文化とは接触してきたものの、それが日本イメージ形成には影響を与えなかったという対象者HやIのようなケースも見られた。これは、幼少時戒厳令下にあり、中学生以降、ようやく日本のテレビ番組が解禁されたため、幼少時から身近にあった日本に関するものに対しても、それらを日本のものと意識することがなかったからだという。このため、H、Iは日本の大衆文化の享受から日本イメージが形成されにくかったと述べた。

　以上のように、本研究では、台湾における対象者の日本の大衆文化との接触と日本イメージ形成とのかかわりが明らかとなった。そこでは、日本の大衆文化は単に日常的な「趣味、娯楽」というより、日本関連情報の収集や友人との関係性の形成・維持、また家族間での嗜好・娯楽の共有のための媒介機能を果たしており、これらを通して対象者自身の日本イメージが形成されてきた可能性が示唆された。

3）歴史教育の影響

　日本イメージの形成にかかわる歴史教育の影響を明らかにするため、学校教育を中心とした歴史教育が自身の日本イメージに影響し

ていると思うかどうかについて対象者に質問を行った。その結果、対象者9名全員が「歴史教育による日本イメージへの影響はない」と述べ、本研究において歴史教育と日本イメージ形成との関連性は認められなかった。

影響を受けなかった理由について対象者が言及した内容を分析したところ、「日台関係の緊密さ」（13例）、「客観的歴史認識」（12例）、「歴史への関心の希薄さ」（12例）、「政治的統制」（7例）の計4つのカテゴリーが抽出された。以下、各カテゴリーの詳細とカテゴリー間の関連を図6-1に示す。

まず、「日台関係の緊密さ」（13例）は、過去から現在に至るまでの台湾と日本との間の強い関係性を示すものである。ここには、日本統治時代における日本人による社会的整備や日本語世代が今なお保持する日本との一体感に言及した「日本統治時代の遺産」（5例）、流行を先導する日本への強い関心と台湾のマスコミによる日本関連の肯定的報道の多さ、その一方で戦争に関する歴史が忘れられつつあることに言及した「現代日本との関係重視」（4例）、さらに友人や家族の日本への肯定的態度に影響されているという「友人・家族の態度の影響」（4例）が見られた。

次に、「客観的歴史認識」（12例）は、歴史的事実をより客観的な立場から捉えようとするものである。ここには、現在・過去の日本を区別するとともに、戦争によって起こり得る「非常識な」事態を客観的に認識しようとする態度や、教師による客観的な教育上の視点の重要さを指摘する「歴史に対する客観視」（8例）、政治的立場から価値観の異なる他者との間でもそれに影響されず、物事を肯定・否定の両側面を持つものとして捉えようとする「現実への受容的態度」（4例）が見られた。

さらに、「歴史への関心の希薄さ」（12例）は、世代的・個人的な

第6章　家庭環境・大衆文化・歴史教育から探る台湾の日本イメージ形成の背景要因

```
┌─────────────────────────┐
│ 日台関係の緊密さ (13)      │
│ ┌─────────────────────┐ │
│ │ 日本統治時代の遺産 (5)  │ │
│ │ ・日本統治による恩恵 (3)│ │
│ │ ・「同化」思想の名残 (2) │ │
│ └─────────────────────┘ │
│ ┌─────────────────────┐ │
│ │ 現代日本との関係重視 (4)│ │
│ │ ・現代日本への関心による │ │
│ │   歴史の忘却 (3)       │ │
│ │ ・マスコミによる肯定的な │ │
│ │   日本関連報道         │ │
│ └─────────────────────┘ │
│ ┌─────────────────────┐ │
│ │ 友人・家族の態度の影響(4)│ │
│ └─────────────────────┘ │
└─────────────────────────┘
```

┌─────────────────────────┐
│ 客観的歴史認識 (12) │
│ ┌─────────────────────┐ │
│ │ 歴史に対する客観視 (8) │ │
│ │ ・過去・現在の日本の区別(5)│ │
│ │ ・戦争への客観的認識 (2)│ │
│ │ ・客観的視点による歴史教育│ │
│ └─────────────────────┘ │
│ ┌─────────────────────┐ │
│ │ 現実への受容的態度 (4) │ │
│ │ ・日本の肯定・否定両側面の認知(3)│ │
│ │ ・自己・他者の価値観の区別│ │
│ └─────────────────────┘ │
└─────────────────────────┘

歴史教育に影響されない
日本イメージの形成

┌─────────────────────────┐
│ 歴史への関心の希薄さ (12) │
│ ┌─────────────────────┐ │
│ │ 歴史と自己との距離感 (5)│ │
│ │ ・史実と自己との非関連性(4)│ │
│ │ ・時間経過による史実への│ │
│ │   実感の希薄さ   │ │
│ └─────────────────────┘ │
│ ┌─────────────────────┐ │
│ │ 世代的価値観 (4)   │ │
│ │ ・若者世代の歴史への無関心(2)│ │
│ │ ・若者世代の享楽的価値観│ │
│ │ ・若者世代の価値観への迎合│ │
│ └─────────────────────┘ │
│ ┌─────────────────────┐ │
│ │ 知識としての歴史認識 (3)│ │
│ │ ・受験勉強・成績重視の歴史認識(2)│ │
│ │ ・歴史教育の印象の希薄さ│ │
│ └─────────────────────┘ │
└─────────────────────────┘

┌─────────────────────────┐
│ 政治的統制(7) │
│ ┌─────────────────────┐ │
│ │ 歴史教育への違和感 (5) │ │
│ │ ・教育内容への違和感 (4)│ │
│ │ ・(戒厳令下の)政府への不信感│ │
│ └─────────────────────┘ │
│ ┌─────────────────────┐ │
│ │ 情報制限による日本イメージの│ │
│ │ 欠如(2)   │ │
│ └─────────────────────┘ │
└─────────────────────────┘

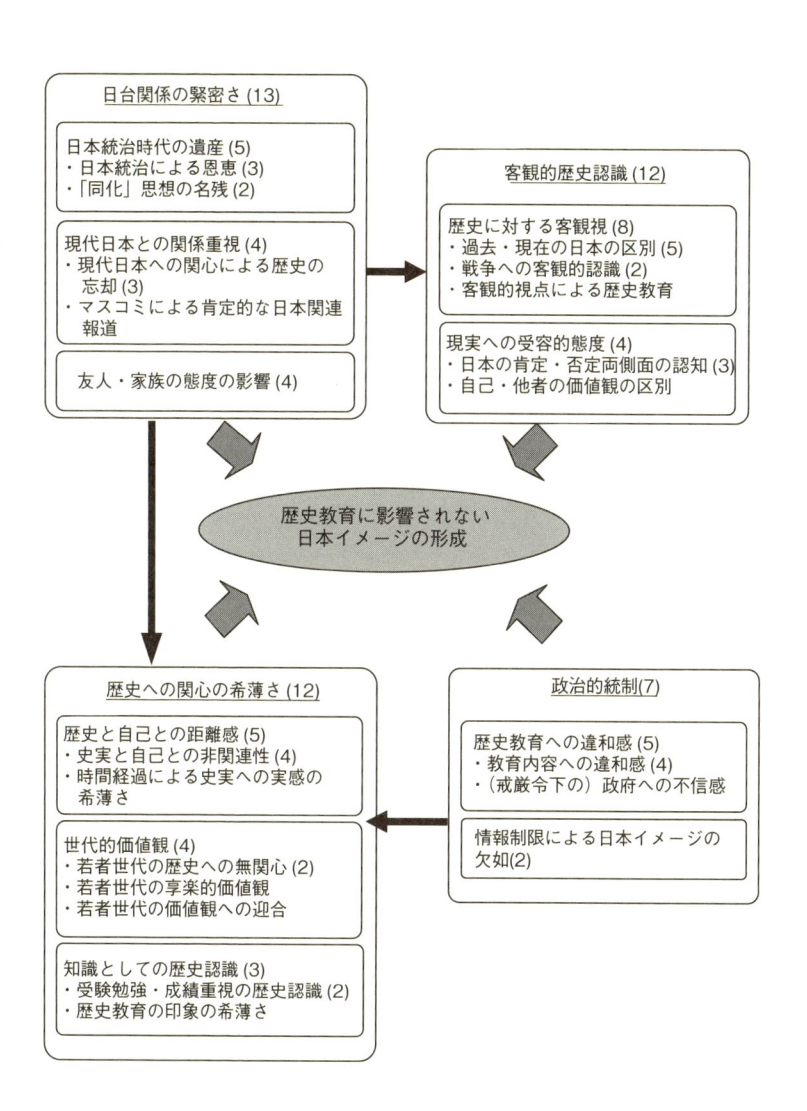

図6-1　歴史教育による影響を受けない理由

歴史への関心の低さを示すものである。ここには、史実と自己とは無関係であり、時間の経過により一層歴史への実感が喪失されているという「歴史と自己との距離感」（5例）、若者世代の歴史への無関心さと、それに迎合し楽しいことのみを追求しようとする享楽的価値観の傾向に言及した「世代的価値観」（4例）、受験勉強や成績のためにのみ歴史を知識として覚えたという「知識としての歴史認識」（3例）が見られた。

最後に、「政治的統制」（7例）は、過去から現在に至る政治の影響による教育内容や情報獲得への規制を示すものである。ここには、中国大陸中心の歴史学習の内容に対して台湾人として抱く違和感とともに、このような教育の提供者である政府への不信感を示す「歴史教育への違和感」（5例）、戒厳令下にあった幼少時、日本関連情報が制限されていたため日本に対する肯定的イメージのみならず否定的イメージさえ持つことはなかったという「情報制限による日本イメージの欠如」（2例）が見られた。

これらのカテゴリーにおいては、カテゴリー間の相互の関連性もうかがえる。たとえば、現在の「日台関係の緊密さ」ゆえに、過去を強調するのではなく新たな日台の関係性を見据えていこうとする「客観的歴史認識」の姿勢が、対象者Dの次のような言及から明らかである。

D：台湾は今、日本ブームで、周りの若者は結構みんな日本のことが好きで、自分もついみんなのほうにいってしまうじゃないですか。だから、その流行を追いかけているときに、昔のことを、だんだん忘れちゃった感じがする。他の人はわからないが、私は過去のことは＊＊流そう、現在のことは現在のこと、と思っているからです。前の世代がどんな悪いことをやったとしても、

じゃあ、今の私はいったい何ができる？ できなかったら、じゃあどうして今の日本のいいことを受け入れられないの？ って思うんです。

また、「日台関係の緊密さ」は「歴史への関心の希薄さ」とも結びつく。対象者Bは、現在の日本の姿に目を奪われ歴史に対して無関心である同世代の価値観を次のように述べている。

B：過去に日本人が悪いことをしたことをだんだん忘れていってます。今しか見ていないです。あと、自分はその時代の人ではないのでそんなにわからない。やっぱり日本人は悪いことをしたなと思ってですけど、嫌いではないですね。たぶん、周りの人、友だち、家族も結構日本のことを好きなので、日本を批判する人はあまりいなかったので、私も日本のことを嫌いではない、嫌いにならないというか。

Bは、自分も含めた同世代が流行を生み出す先進的な日本の「今」の姿しか見ていないと述べ、自身も「その時代の人ではないのでわからない」と歴史との間に距離を置いた上で、自身の周囲の人々の影響から「日本のことを嫌いにならない」との見解を述べている。

一方、「政治的統制」は「歴史への関心の希薄さ」が生じる一因ともなっている。対象者Eは、中1で手にした歴史教科書の台湾史に関する記述部分が少なく、1学期終了後すぐに大陸中心の歴史内容へと移ったことに対し、当時「なんで台湾なのに中国の（歴史の）勉強をしなきゃならないのか」と感じ、歴史に対する関心が持てなかったと言及した。また、他の対象者の複数の言及からも、「自分は中国人ではないという意識を持っている」（対象者G）、「やっぱり

歴史教科書、よくわからなかった」(対象者B)など、歴史教育のあり方が対象者の歴史への関心を喪失させる一因となっていたことが示されている。

だが、このような政治的統制が「客観的歴史認識」の所持への契機となることもまた否定できない。対象者Fは、歴史教育の中で得た知識と自身の経験による現実の認知について、次のように述べている。

F：最初はあまり特別な意識はしてなかったです。でも、教育を受けたことによって日本人に対する憤りが高まります。でも、実際に生活するときはやっぱり母親は日本人の友人が多いですから、実際に会ってみて、別にそんな悪い人間じゃないとか。昔、旧日本軍はそんなにひどいことをしてくれましたけど、日本人は皆そんなに悪いことを言わない。ちょっと矛盾しているんじゃないかと思ってました。

Fは、歴史教育の中での知識と自身の母親の友人との直接的な経験との両方を得る中で、日本人イメージの肯定・否定の両側面を「別々に説明して考える」ようになったのだという。

以上のことから、歴史教育によって獲得した知識を自己の日本イメージに直結させるのではない対象者の日本イメージ形成の様相が示される。すなわち、対象者は、教育にかかわる政治的統制を十分に認知しながら、過去から現在に至る日本と台湾との関係に目を向け、家族や友人などとの間で共有される日本に対する見方や、自身の直接的な経験に基づき、日本イメージを形成してきたことが明らかである。

第6章　家庭環境・大衆文化・歴史教育から探る台湾の日本イメージ形成の背景要因

総合的考察および今後の課題

　以上、本研究では、台湾の20代および30代を対象とし、家庭環境や日本の大衆文化との接触および歴史教育の影響が対象者の日本イメージ形成にどのように関連するのかについて質的に検討を行った。本研究の結果、以下のようなことが示唆された。

　まず、家庭環境と日本イメージ形成との関連については、家庭内の日本語話者の存在や日本語使用頻度・使用状況にかかわらず、家族の成員の日本に対する態度が対象者自身の日本イメージ形成に密接にかかわる可能性が示唆された。これまでの研究においても家庭内の日本語話者の存在や日本語使用状況と対象者の日本に対する態度との関連が示唆されていたが（甲斐，1996；篠原，2003など）、本研究において家庭での日本語使用よりむしろ家族の成員の日本に対する態度の重要性が示されたことの意義は大きい。このことはまた、家庭環境において形成された家族共通の日本イメージが次の世代へと継承されていく可能性をも示唆している。

　次に、日本の大衆文化と日本イメージ形成との関連については、対象者は幼少時より単独のみならず友人や家族とともに日本の大衆文化との接触を日常的に行ってきたことが明らかとなった。そこでは、日本の大衆文化が日本関連情報の獲得や友人との関係性の形成・維持、また家族間で共有される嗜好・娯楽のための媒介手段として機能し、それによって対象者自身の日本イメージが形成されてきた可能性が示された。既述のように、日本の大衆文化の受容が若者世代の日本イメージに関与することは先行研究でも指摘されてきた。しかし、本研究において日本の大衆文化が対象者と友人・家族等の身近な人々との関係性の中で共有され、それが日本イメージ形成に関

与してきたことが見いだされた点は意義深い。

さらに、日本イメージ形成における歴史教育の影響については、対象者は歴史教育を通して得た知識を自己の日本イメージ形成に直結させるのではなく、家族や友人等との間で共有される日本への見方や自身の直接的な体験に基づき日本イメージを形成している様子が明らかとなった。これは、岩井ほか（2008）に見られる韓国の場合とは様相を異にする。韓国の場合、学校教育を中心とした歴史教育において、歴史教科書の記述に「侵略者」としての日本（人）イメージが見られ、これが個人の日本人イメージにも色濃く反映される可能性が高い。過去において日本による被統治経験を持つというだけで台湾と韓国とを安易に比較できないが、台湾における日本イメージ形成には台湾特有の状況が関与していることが明白である。そこには、台湾が激動の歴史の中で日本や中国などとの関係から模索し続けてきた「台湾人」としてのアイデンティティ形成の過程までもが透過されるのである。また、1987年の戒厳令解除後、民主化の高まりの中で「台湾という場所に根ざした教育理念を打ち立てる」（山崎, 2009）ことをめざし、教育の「本土化」と呼ばれる動きが起こったが[4]、台湾の歴史教育の内容や教育姿勢自体がこれまでに繰り返し問い直されて現在に至ることが、対象者の史実の受け止め方と多かれ少なかれかかわることも考えられよう。

以上のことから、本研究では、台湾において対象者と家族、友人等の身近な人々との関係性の中で日本イメージが形成されてきたことが示されたと言えよう。ただ、本研究は日本に滞在する台湾出身者を対象としており、対象者9名の小規模の研究である。そのため、この研究結果を過度に一般化しようとするものではない。だが、本研究から得られたことは、今後、台湾における日本イメージ形成の解明の上でも、また異文化間における相互理解の上でも有効である

第6章　家庭環境・大衆文化・歴史教育から探る台湾の日本イメージ形成の背景要因

と考えられる。

その一方で、本研究では新たなる課題もまた明らかとなった。それは、インタビューの中で、来日前からの肯定的な日本イメージが来日後否定的なものへと変化したという複数の対象者の言及が見られたことである。すなわち、来日前は日本や日本人に対し「礼儀正しい」「規則を遵守する」等のイメージを所持していたものの、来日後の日本人との接触体験の中で「日本人は冷たい」「差別的である」などと強く感じ、日本イメージが大きく低下したというものである。李（2006）は台湾の若い世代がドラマを通して描く「虚像」としての日本への好イメージと実際に自身が体験する日本との間でギャップが生じる可能性を指摘しているが、本研究においてまさに同様の事態が示されたと言える。

このことは、対象者の日本での滞在生活や周囲との関係形成を困難にさせるだけでなく、留学生活自体が維持できなくなる等の不適応にもつながる可能性がある。それゆえ、肯定的な日本イメージをもって来日し、急激なイメージ低下を経験する台湾出身者に対し、来日後、いかなる教育支援が必要であるのかを今後検討していく必要がある。たとえば、各自が自身の直接的な体験に基づいて日本社会への理解を深め、それによって自己の日本イメージを修正していくことで適応が可能となるよう、継続的な支援を行うことが求められるであろう。

以上のような点も考慮しつつ、今後も台湾における日本イメージに関する詳細な分析を行うことで、更なるケースについても明らかにしていきたい。また、ある家庭環境における世代別の日本イメージ形成とその要因や継承性についての検討も今後の課題としたい。これらを通して、異文化間の相互理解や教育支援にこれらの成果をいかに活用できるのかについても引き続き検討を重ねていく所存で

ある。

[注]
(1) 「家庭内」および「家族」の概念は、社会および個人によっても多様であると推測され、執筆者間でもその認識に多様性が認められた。そのため、本研究では、対象者自身が家族と認める範囲およびその構成員を指すものとして扱う。
(2) 本文中の対象者のコメントは、すべてデータのままとした。ただし、文脈理解等のために事例に付した括弧内の記述はすべて筆者による要約・補足である。
(3) 「日本の大衆文化」は、ドラマや映画などのメディア・コンテンツのみならず、日本製品の選択的使用や日本への観光を目的とした旅行等も含めた広範な日本関連の選択的行動を指す概念であると捉えることができる。そのため、本研究では、日本の大衆文化の指す範囲を厳密に限定するのではなく、対象者がその言及の中で「大衆文化」またはその一部と認めたものについてはこれに従うこととした。
(4) 教育の「本土化」については、山崎（2009）や林（2009）などに詳しいが、たとえば教育内容が台湾の生活環境や歴史経験に基づくものに改革されるだけでなく、多元的・重層的な台湾アイデンティティの養成などが掲げられ、教育に盛り込まれた。

[参考文献]
蔡錦堂（2006）「日本統治時代と国民党統治時代に跨って生きた台湾人の日本観」五十嵐真子・三尾裕子編著『戦後台湾における〈日本〉―植民地経験の連続・変貌・利用』風響社, 19-60.
岩渕功一（2001）『トランスナショナル・ジャパン―アジアをつなぐポピュラー文化』岩波書店.
岩井朝乃・朴志仙・加賀美常美代・守谷智美（2008）「韓国『国史』教科書の日本像と韓国人学生の日本イメージ」『言語文化と日本語教育』第35号, お茶の水女子大学日本言語文化学研究会, 10-19.
加賀美常美代・守谷智美・楊孟勲・堀切友紀子（2009）「台湾の小学生・

中学生・高校生・大学生の日本イメージの形成―九分割統合絵画法による分析」『台灣日本語文學報』第26号, 台湾日本語文学会, 285-308.
甲斐ますみ（1995)「台湾における新しい世代の中の日本語」『日本語教育』第85号, 日本語教育学会, 135-150.
甲斐ますみ（1996)「言語的背景, 及び社会的環境から見た台湾人青年層の中の日本語」『岡山大学留学生センター紀要』第4号, 岡山大学留学生センター, 21-42.
川喜田二郎（1967)『発想法―創造性開発のために』中央公論社.
交流協会（2010)『台湾における対日世論調査』http://www.koryu.or.jp/taipei/ez3_contents.nsf/04/52F6843250D2FB0E492576EF00256445/$FILE/detail-japanese.pdf、2010年6月18日閲覧
李衣雲（2006)「台湾における日本恋愛ドラマと日本イメージの関係について」『マス・コミュニケーション研究』第69号, 日本マス・コミュニケーション学会, 108-125.
林初梅(2009)『「郷土」としての台湾―郷土教育の展開にみるアイデンティティの変容』東信堂.
守谷智美・楊孟勲・加賀美常美代・堀切友紀子（2009)「台湾における日本イメージ形成の背景要因―『日本語』の位置づけに着目して」『お茶の水女子大学人文科学研究』第5巻, お茶の水女子大学, 197-209.
篠原信行(2003)「台湾の大学生の日本と日本語に関する意識とそのイメージ形成に影響を与える要因について」『日本言語文芸研究』第4号, 台灣日本語言文藝研究學會, 117-137.
台北駐日経済文化代表処（2009)『台湾に関する意識調査―調査結果報告書』http://www.taiwanembassy.org/public/Data/95819392271.pdf, 2010年6月18日閲覧
山崎直也（2009)『戦後台湾教育とナショナル・アイデンティティ』東信堂.

第7章

日本への関心度と知識との関連からみる台湾の日本イメージの形成過程

加賀美常美代・堀切友紀子・守谷智美・楊孟勲

問題の所在と研究目的

近年のグローバル化の進行の中で、日本と台湾との間の相互の往来や関心は高まりつつある。ビジネス・留学・観光等を通した民間交流はますます盛んになっており、来日する留学生を見ても、台湾出身者は2010年時点で5,300人超と中国・韓国に次いで第3位を占めている（日本学生支援機構，2010）。

このような日台交流の状況を反映してか、台湾の日本に対する意識や態度は、これまでに行われた調査や研究の結果から見ても概して肯定的なものが多い。台湾における対日意識の変化の把握を目的とし、交流協会が20-80歳の1,018名を対象者に行った世論調査では、最も好きな国として日本を挙げる回答が過半数を占めていた。また、日本に親しみを感じるとの回答も全体の6割以上であった（交流協会，2010）。このように、台湾の人々の日本に対する好意度は概して高いものであることが見て取れる。

しかしながら、台湾における日本イメージについては、否定的な側面もまた散見される。交流協会による同調査では、日本への信頼

性の有無を指標に信頼できる群と信頼できない群に二分した分析を行った。その結果、信頼できると回答した群は、その理由として、文化面の共通性、地理的近さ、経済的な結びつき、長い交流の歴史を挙げていた。一方、信頼できないと回答した群は、その理由として過去の歴史的経緯、経済面・技術面での競争関係、文化面での警戒心、実際に裏切られたことがある、学校で教わった、親から教わった等を挙げていた。

　これらの日本イメージの背景には、台湾がこれまでに歩んできた歴史的経緯の影響が大きいと考えられる。台湾はかつて50年にわたる日本による統治を経験しており、戦後は大陸から台湾に渡ってきた国民党政府による反日政策・中国への同化政策がとられた時期もあるなど、その歴史には日本・中国との関係が密接に関与している（李，2007；周，2007など）。台湾における日本イメージは、台湾の複雑な歴史的経緯への理解を抜きにして語ることは不可能であり、上記の調査でもそれが色濃く反映される結果となっている。それゆえ、台湾の肯定的・否定的側面からなる日本イメージの形成を検討する際、その背景にいかなる要因があるのかという視点からの研究も重要である。

　これまでに行われた台湾における日本イメージの研究としては、次のようなものが見られる。まず、加賀美・守谷・楊・堀切（2009）は、台湾の小学生・中学生・高校生・大学生475名を対象に、九分割統合絵画法により日本イメージについての描画を収集し、分析を行った。その結果、「観光」「大衆文化」等、「不詳」を含め計14のカテゴリーが抽出された。これらのカテゴリーをさらに分類したところ、肯定的イメージ、中立的イメージが合わせて90％を超えていた。この傾向はすでに小学生の段階から見られたことから、台湾においては年少の時期から日本に対する肯定的イメージが形成されていることが

認められた。

　また、櫻坂・内藤・張（2010）は台湾の大学生252名を対象とした日本語学習動機と日本イメージに関する調査の中で、日本人と日本イメージについて因子分析を行った結果、日本イメージについては、団結・強さ・安定を示す「凝集性」、先進的、豊かさを示す「先進性」、日本に対する親しみを示す「親和性」の3因子が抽出された。日本人イメージについては、明るさ・親切さ・礼儀正しさを示す「優等性」、真面目さ・誠実さを示す「誠実性」、親しみやすさを示す「親和性」の3因子が抽出された。これらの平均値を算出した結果、日本の「先進性」のイメージが最も強く見られた。これらの因子間では、日本イメージの「先進性」と日本人イメージの「誠実性」、日本イメージの「親和性」と日本人イメージの「親和性」、日本人イメージの「優等性」と「誠実性」について関連性が高いことが示された。

　このような日本や日本人に対するイメージの解明に加え、それらの背景要因について言及した研究には次のようなものがある。まず、篠原（2003）は台湾の大学生を対象とし、日本および日本語への意識の解明を目的として質問紙調査を実施した。その結果、対象者の8割以上が日本に対する好意的なイメージを有することが示され、台湾における日本の漫画やアニメ等の大衆文化の影響があることがうかがえた。その背景として、過半数の対象者の家庭内に日本語話者がいることから、日本語が聞ける環境で育つことが肯定的な日本イメージの形成に結びつく可能性が指摘されている。

　また、守谷・加賀美・楊・堀切（2009）は、台湾の日本イメージ形成の背景要因について、近年の文献を通して検討した。その結果、台湾の家庭環境や日常的な日本の大衆文化との接触が日本イメージ形成に大きく関与する可能性が示唆された。

　さらに、既述の交流協会による調査（交流協会, 2010）では、日

本に対するイメージについて「自然の美しい国」「経済力、技術力の高い国」「決まりを守る国」などの回答が多く見られた。それらの日本に関する情報源としては「テレビ」が群を抜いており、その傾向は特に若い年齢層に顕著であったことから、台湾の若者の日本イメージの形成にはテレビの視聴を中心としたメディアとの接触が大きな影響を与えていることがうかがえる。

　以上のように、台湾における日本イメージについては、具体的にどのようなイメージが形成されているのかとともに、それらが日本に対する関心や知識などと、どのように関連しているのかを検討することが必要とされる。そこで、本研究では質問紙調査を通して、台湾の小学生・中学生・高校生・大学生が日本に対しどのようなイメージを持っており、そのイメージがどのような要因に影響されているのかを明らかにすることを目的とする。その際、日本への関心度と知識が日本イメージの形成にどのように関連しているのか、質問紙による調査を行い、統計的分析を通して小学生から大学生までの発達段階別に検討する。研究課題を以下の4点とする。

1) 台湾の小学生・中学生・高校生・大学生（以下、小・中・高・大学生）の日本に対するイメージ（以下、日本イメージ）はどのようなものか
2) 台湾の小・中・高・大学生の日本に対する関心度（以下、関心度）はどのようなものか
3) 台湾の小・中・高・大学生の日本に関する知識（以下、知識）はどのようなものか
4) 台湾の小・中・高・大学生の日本イメージと関心度、知識の関連はどのようなものか

方 法

　2007年9月、台湾の高雄地区(人口約152万人、2007年調査時点)に居住する小学生・中学生・高校生・大学生計475名(男性273名、女性195名、不明7名)を対象に、日本イメージに関する質問紙調査を行った。協力者の内訳は、小学3年生130名、中学2年生108名、高校2年生109名、大学3年生・4年生128名である。

　本研究で使用した質問票は、先行研究をもとに研究者間の討議により作成した。質問項目は、日本イメージ、関心度、知識、デモグラフィック要因、TV視聴やインターネットのアクセス度等であるが、本研究では、特に日本イメージと日本への関心度、日本への知識を中心に変数として扱う。日本イメージについては、岩男・萩原(1988)を参考に「科学技術が進んでいる/科学技術が遅れている」「好き/嫌い」など、日本の様相を表すと考えられる19対の形容詞項目を挙げ、SD法により回答を求めた。また、関心度については、加賀美・箕浦・三浦・篠塚(2006)の国際意識調査を参考に17項目を作成し4段階評定を求めた。さらに、知識については、「NHK」や「ソニー」といった日本の代表的な会社や、「となりのトトロ」のように代表的な宮崎アニメなど12項目を挙げ、「よく知っている」から「知らない」までの4段階評定による回答を求めた。質問票は日本語で作成したものを中国語に翻訳し、さらに等価性を高めるため、中国語から日本語に翻訳するバックトランスレーションを行った。

　以上の質問票を用いて得られたデータを入力した後、研究課題1)〜3)に関しては因子分析と一元配置分散分析を行い、研究課題4)に関しては重回帰分析を行った。

結　果

1）台湾の小学生・中学生・高校生・大学生の日本イメージ

まず、日本イメージについて19の形容詞項目の因子分析（主因子法、バリマックス回転）を実施した。因子負荷量が極端に低かった2項目を削除し、17項目を分析対象とした。その結果、表7-1のように4つの説明可能な因子が抽出された。第一因子は明るい、穏やかな、あたたかい等の5項目からなり、「温厚さ」と命名した。第二因子は科学技術が進んでいる、集団の結束力が強い等の6項目からなり、「先進的影響力」と命名した。第三因子は信頼できる、正直な、安全な、好きの4項目で「信頼性」と命名した。第四因子は親しみや

表7-1　日本イメージの因子分析結果

項　目	因　子				α係数
	温厚さ	先進的影響力	信頼性	近接性	
明るい	**.802**	.118	.108	.055	α=.819
穏やかな	**.689**	.142	.336	.134	
あたたかい	**.535**	.136	.455	.064	
親切な	**.504**	.238	.465	.149	
自由な	**.484**	.126	.183	-.067	
科学技術が進んでいる	.074	**.637**	.133	.102	α=.772
集団の結束力が強い	.196	**.635**	.110	-.082	
勤勉	.145	**.603**	.183	.127	
規則を厳格に守る	.186	**.591**	.249	-.040	
強い	.170	**.493**	.270	.034	
自己主張が強い	-.003	**.491**	-.010	.016	
信頼できる	.166	.211	**.777**	.095	α=.782
正直な	.308	.146	**.632**	.019	
安全な	.264	.189	**.566**	.087	
好き	.405	.244	**.417**	.146	
親しみやすい	.000	.006	.012	**.839**	α=.529
理解しやすい	.066	.044	.100	**.420**	
累積寄与率(%)	30.24	37.79	43.21	46.88	

すい、理解しやすいの2項目で、「近接性」と命名した。また、それぞれの因子の信頼性を表すα係数を求めたところ、4因子すべてに関して値が十分高く、項目の一貫性が認められた。

2）小学生・中学生・高校生・大学生別の日本イメージ

次に、因子分析結果について小・中・高・大学生別に平均値の違いを検討するため、これらの各因子尺度得点に対し、4群別に一元配置分散分析を行い、さらに、Tukey法による多重比較を行った。

その結果、「温厚さ」($F_{(3,467)}=13.26, p<.001$)、「先進的影響力」($F_{(3,470)}=23.35, p<.001$)、「信頼性」($F_{(3,470)}=9.87, p<.001$)、「近接性」($F_{(3,471)}=4.96, p<.005$)のいずれも有意差が見られた。これらの平均値については「近接性」が一番低く、次いで「温厚さ」「信頼性」であり、「先進的影響力」が最も高い結果となった。また、Tukey法による多重比較では「温厚さ」は高校生・大学生より小学生・中学生のほうが高く、「信頼性」は小学生・高校生・大学生よりも中学生が高い傾向が見られた。さらに、「近接性」に関しては小学生よりも中学生・大学生のほうが高い傾向が認められた。つまり、中学生が「温厚さ」「信頼性」「近接性」を最も強く感じている傾向があり、この時期により具体的な肯定的イメージが形成される可能性が考えられる。一方、「先進的影響力」は小学生・中学生・大学生および高校生というように徐々に強く感じられる傾向が見られた（図7-1）。

これらのことは、台湾において小学生のころから日本に関する情報が日常的に浸透しており、「明るく穏やかで、好ましい」イメージが定着していることを示している。また、学年が上がるにつれ日本に関する情報がより具体的に意識して取り込まれ、「先進的影響力」がより強くイメージされると考えられる。

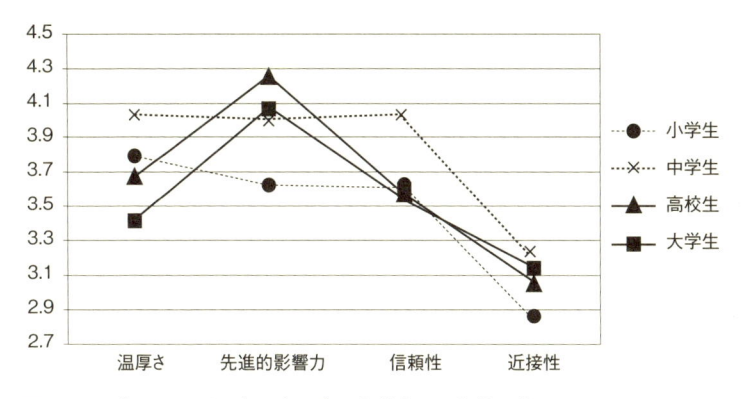

図7-1 日本イメージの小・中・高・大学生の平均値の差

3）日本に対する関心度

日本に対する関心度については17項目の因子分析（主因子法、バリマックス回転）を実施した。項目については、因子負荷量が極端に低かったもの1項目と、項目内容の解釈可能性を考慮し回答の際に不備があったと考えられる6項目を削除し、10項目を対象として分析を行った。

その結果、表7-2のとおり3つの説明可能な因子が抽出された。第一因子は日本人と友だちになること、日本語を学ぶことなど4項目で、これらを「日本との積極的接触」と命名した。第二因子は日本のさまざまな生活様式や習慣、伝統文化、大衆文化など、包括的な日本文化にかかわる4項目で、「包括的日本文化」と命名した。第三因子は日本のゲーム、日本の企業の製品の2項目からなり、「日本製品」と命名した。また、それぞれの因子の信頼性を表す$α$係数を求めたところ、3因子すべてに関して値が十分高く、項目の一貫性が認められた。

表7-2 日本に対する関心度の因子分析結果

項　目	因　子			a 係数
	日本との 積極的接触	包括的 日本文化	日本 製品	
日本人と友だちになること	**.723**	.259	.174	a = .808
日本語を学ぶこと	**.677**	.429	.032	
日本への留学	**.624**	.302	.149	
日本各地への旅行	**.538**	.231	.305	
日本のさまざまな生活様式や習慣	.263	**.589**	.076	a = .667
日本の伝統文化	.244	**.535**	.060	
日本の大衆文化	.200	**.510**	.311	
日本のテレビ番組や芸能人	.276	**.452**	.186	
日本のゲーム	.120	.059	**.799**	a = .682
日本の企業の製品	.149	.198	**.602**	
累積寄与率(%)	19.41	34.78	47.66	

4） 小学生・中学生・高校生・大学生別の関心度

次に、因子分析結果について小・中・高・大学生別に平均値の違いを検討するため、これらの各因子尺度得点に対し4群別に一元配置分散分析を行い、Tukey法による多重比較を行った。その結果を図7-2に示す。

一元配置分散分析の結果、「日本との積極的接触」「包括的日本文

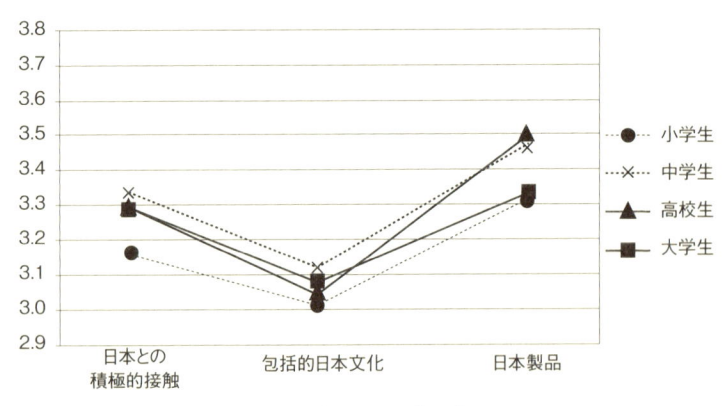

図7-2 関心度の小・中・高・大学生の平均値の差

化」「日本製品」のすべての因子において、4群間に有意差は見られなかった。このことから、台湾の小・中・高・大学生の日本への関心度は、学年の差異が見られないことが示された。

5）日本に関する知識

日本に関する知識については、12項目の因子分析（主因子法、バリマックス法）を実施した。内容の妥当性を考慮し、さらに因子負荷量の極端に低かった2項目を削除した上で、最終的に10項目を分析対象とした。

その結果、表7-3のとおり、2つの説明可能な因子が抽出された。第一因子はNHK、小泉純一郎（調査当時、報道で話題に上ることの多かった前首相）、ソニーなどニュース等の社会的報道を通して触れるであろう6項目からなり、「社会的報道からの知識」（以下、社会的報道）と命名した。第二因子は東京、すし、おたく、となりのトトロの4項目で、大衆文化の中に登場する娯楽に関する知識であるため、「大衆的娯楽からの知識」（以下、大衆的娯楽）と命名した。また、それ

表7-3 日本に関する知識の因子分析結果

項　目	因　子		a 係数
	社会的報道からの知識	大衆的娯楽からの知識	
ＮＨＫ	**.756**	.117	
小泉純一郎	**.676**	.260	
ソニー	**.632**	.305	
中田英寿	**.575**	.141	$a = .813$
木村拓哉	**.528**	.497	
自民党（自由民主党）	**.440**	.170	
東京	.318	**.657**	
すし	.092	**.541**	
おたく	.522	**.532**	$a = .681$
となりのトトロ	.130	**.507**	
累積寄与率（％）	37.26	43.64	

ぞれの因子の信頼性を表すa係数を求めたところ、2因子とも値が十分高く、項目の一貫性が認められた。

6）小学生・中学生・高校生・大学生別の日本に関する知識

日本に関する知識の因子分析結果について小・中・高・大学生別に平均値の差異を検討するため、これらの各因子尺度得点を4群別に一元配置分散分析を行い、Tukey法による多重比較を行った。その結果、図7-3のように、「社会的報道」「大衆的娯楽」のいずれも有意差が認められた（$F(3,470)=103.85, p<.001$；$F(3,471)=67.04, p<.001$）。

全体としては「大衆的娯楽」からの知識のほうが、「社会的報道」からの知識に比べて高い傾向が見られた。これは、台湾の一般社会における大衆的娯楽の情報の多さを示していると推測される。多重比較の結果については、「社会的報道」において高校生・大学生が、小学生・中学生に比べて高い傾向が見られた。また、「大衆的娯楽」においても同様に、高校生・大学生が小学生・中学生に比べて高い

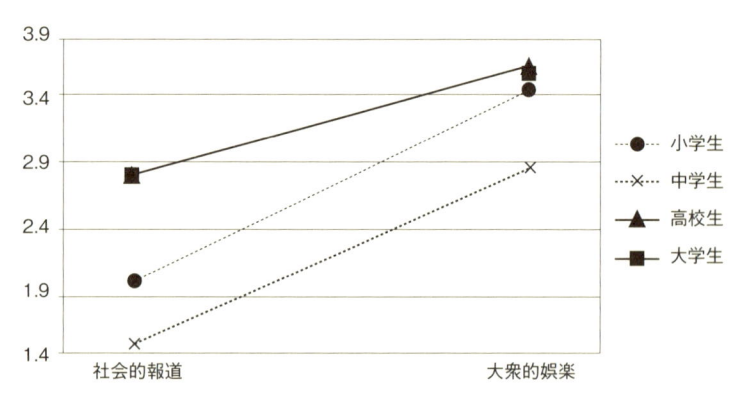

図7-3　知識の小・中・高・大学生の平均値の差

傾向が見られた。

7) 日本イメージと関心度、知識との関連

最後に、日本イメージと関心度、知識との関連について検討するため、日本イメージ因子を従属変数、関心度因子と知識因子を独立変数とし、ステップワイズ法による重回帰分析を行った。その結果を表7-4に示す。

分析の結果、「温厚さ」を規定する要因は関心度の「日本との積極的接触」と「包括的日本文化」で、いずれも正の影響を及ぼしていた。「先進的影響力」を規定する要因は3つの関心度と2つの知識であり、それらはすべて正の影響を及ぼしていた。「信頼性」を規定する要因は3つの関心度で、いずれも正の影響を及ぼしていた。「近接性」を規定する要因は知識の「大衆的娯楽」で、正の影響が見られた。

このことから、日本との積極的接触と包括的日本文化に関心を持つ人は温厚さのイメージを抱きやすいことが示された。さらに、それらの2要因に加えて、日本製品にも関心を持つ人は信頼性のイメージを抱きやすい傾向が見られた。大衆的娯楽からの知識を持つ

表7-4 日本イメージと関心度・知識との関連

		温厚さ	先進的影響力	信頼性	近接性
関心度	日本との積極的接触	.153*	.125*	.209**	.066
	包括的日本文化	.336**	.110*	.246**	.041
	日本製品	.047	.122**	.101*	.040
知識	社会的報道	−.092	.138**	−.058	−.052
	大衆的娯楽	.025	.274**	.068	.123**
	R^2	.188**	.288**	.201**	.015**

*$p<.05$, **$p<.01$

人は近接性イメージを抱きやすいことが示された。さらに、日本との積極的接触、包括的日本文化、日本製品についての関心度が高く、社会的報道と大衆的娯楽からの知識を持つ人は、日本の先進的影響力のイメージを形成していることが示された。

考　察

　本研究では、台湾の小学生・中学生・高校生・大学生の日本イメージとその形成に関連する要因について明らかにすることを目的とし、検討を行ってきた。まず、小学生・中学生・高校生・大学生の日本イメージを統計的に分析した結果、「温厚さ」「先進的影響力」「信頼性」「近接性」の4因子が抽出された。櫻坂ほか（2010）の大学生の日本イメージ調査でもほぼ同様の因子が抽出されているが、本研究では、発達段階別に検討した点が独創的な知見である。本研究の知見から、小学生・中学生の日本イメージは「温厚さ」「信頼性」「近接性」が上位を占め、小学生から肯定的イメージが形成され、中学生の時期が最も肯定的であることが示された。つまり、中学生の時期に肯定的なイメージが最も形成されやすいことが明らかになった。それに対し、高校生・大学生の日本イメージは「温厚さ」が低く、「先進的影響力」が高いことが明らかになった。「先進的影響力」に関しては、小学生が最も低いものの、中学生、大学生および高校生というように徐々に強く感じられる傾向が見られ、日本に対し学校教育やメディアなどで蓄積されてきた情報や知識がイメージ形成に関連していると推測される。このように、台湾においては小学生の段階から日本に関する肯定的イメージを持つものの、大学生になり日本に関する広範な知識が獲得されると「温厚さ」「信頼性」イメージが最も低くなるなど、現実を批判的に見ることにより日本へ

のより現実的な評価をしていることが示された。同様の傾向は、先行研究の描画の分析でも見られ(加賀美・守谷・楊・堀切, 2009)、肯定的な日本イメージだけでなく、否定的イメージも加味される結果となっている。このように、小学生・中学生で形成された肯定的イメージは、高校生や大学生で自らの意思で日本への関心を持ち、個人的接触による知識の獲得によって修正され、幾分、肯定的評価が低下する可能性があることが示された。

また、日本への関心度については、因子分析の結果、「日本との積極的接触」「包括的日本文化」「日本製品」の3因子が抽出され、学年間の有意差は認められなかった。このことは、台湾においては小学校から大学生まで一貫して非常に高い日本への関心が見られ、身近に日本文化や日本の製品などが存在し、それらが積極的に受容されている様子を示していると言えよう。このことはまた、台湾において日本との接触が日常化していることを物語っている。

さらに、日本に関する知識については、因子分析の結果、「社会的報道からの知識」と「大衆的娯楽からの知識」の2因子が抽出され、それが小学生から中学生まで順次増加し、高校生と大学生ではほぼ同程度の知識を有していることがわかった。このことは台湾の学生達は成長の過程で日常的に日本と接触する場面が豊富であるため、公的にも私的にも日本に関する知識が自己の中に蓄積されていることを示すと考えられる。

日本イメージに対し、日本への関心度と知識がどのように影響しているかについては、4因子のいずれにも何らかの関心度、知識の要因が関連していた。特に、日本イメージの「先進的影響力」は最も顕著で、日本への関心度、日本の知識のすべての要因がこのイメージに影響を及ぼしていた。これらのことから、日本語を学び、日本人の友人を持ち、日本文化全体に関心を持ち、日本に関する社会的

報道、大衆娯楽的な知識の両面を持つ若者は、日本に対し、科学技術、国民性、自己主張の強さなどの影響力の点で高く評価していることが示されていると言えよう。つまり、日本に関する多様なレベルの関心と知識の豊富さが、パワーのある日本というイメージにつながるものと言える。

一方、「温厚さ」や「信頼性」の日本イメージに影響を及ぼしていたのは、日本への関心度のみであった。つまり、日本語学習、日本の友人、旅行等や日本に関する伝統、大衆文化も含めて、これらに関心を持つ人達は日本イメージを温厚で信頼性があると見ていることが示された。このことは、日本に関し、日本の製品や科学技術などの具体的・表面的で可視的なものよりも日本語、日本文化のような抽象的なものへの関心が高ければ、日本の本質的・内面的な側面に目を向ける傾向があり、結果としてそれが台湾のいわゆる「親日的」な傾向を強化していることを示すと考えられる。

また、「近接性」の日本イメージに関しては、これに影響を及ぼしていたのは大衆的知識のみであった。このことから、台湾において日常的に接触できるすしなどの日本の食べ物や人気ドラマ・アニメなどメディアからの知識等が日本に対する親近感につながるものとして捉えられる。メディアを通じて得られる日本との近接性については、これまでにも岩渕（2001）や李（2007）をはじめ複数の研究で指摘されてきたことであり、納得のいく結果と言える。

最後に、本研究結果を、同時期に描画によるデータ収集を行った先行研究（加賀美・守谷・楊・堀切, 2009）の結果と照らし、検討してみたい。描画研究では、「肯定」「中立」の日本イメージが両者を合わせて全体の95％を占め、「否定」がきわめて低いことが示された。また、小・中・高・大学生別に見ると、小学生から「観光」「大衆文化」「親近感・接点」の描画が頻繁に出現し、時系列的に変化がなく、肯

定的イメージがこの時期から形成され、幼少時からの日本との接触の多さが示される結果となった。量的分析を行った本研究においても、小・中学生から日本への豊富で多様な関心、知識が日本イメージに影響を及ぼし、肯定的イメージ形成がなされているという同様の傾向が示されたと言えよう。

　このような台湾の日本への肯定的イメージ形成の解釈について、9名の大学生のインタビュー調査から質的に日本イメージの関連要因を分析した守谷・加賀美・楊（2011）に言及しながら分析すると、第一に、台湾における家族の成員の日本に対する態度が日本イメージ形成に密接にかかわると推測される。台湾では、小学生・中学生のころから日本のテレビ番組視聴や日本製の電化製品の使用等を通して家庭において接する日本文化の影響が高く、そこで形成された家族共通の日本イメージが次の世代へと継承されていることが考えられる。第二に、日本の大衆文化が幼少時よりさまざまな場面において浸透しており、友人・家族等の身近な人々との関係性の中で共有される話題となり、それが日本イメージ形成に大きく関与してきたことが考えられる。家族そろって視聴する日本のテレビ番組や、学校で使用する日本製の文具など、選択しさえすれば手が届く身近なところに日本の大衆文化があり、話題にも上りやすい。それゆえ、この2点が幼少時からの日本イメージの肯定的な側面を形成している理由と考えられる。

　しかしながら、上述のように大学生で「温厚さ」「信頼性」のイメージがやや低下していることを考慮すると、高校生・大学生では既成イメージが若干修正される傾向があると考えられ、この時期に注目する必要がある。この背景には、高校生・大学生の時期において、歴史教育や報道等を通して第二次大戦中の出来事の詳細や現在の日本の社会問題等を情報として摂取し、それが日本に対する批判

や反感にも結びつくなど、新たな知識が獲得されることも関与しているのではないかと考えられる。

このように、台湾の高校生・大学生の肯定的な日本イメージが史実や現実的経験から修正される点については、時間をかけて自らが熟考することでそれが多面的、複合的な思考に深められていくことを示しており、日本文化の多様な側面や下位文化、負の歴史を受容しようとする異文化理解への糸口の発見と言えるのかもしれない。つまり、このことは、単純で固定化したイメージが、現実の交流体験、自らが接近する個人的接触や知識、接点により、情報の取捨選択を行い、自分自身で新たに現実的なイメージ形成をし直すことにつながる可能性を示すものと言えよう。

今後の課題

以上のとおり、本研究では、台湾の小学生・中学生・高校生・大学生の持つ日本イメージについて量的手法により分析し、その違いから台湾における日本イメージが形成される過程を検討した。本研究は、台湾の一都市の小学生から大学生までを対象とした有意抽出であるため、この結果をもって過度の一般化はできない。また、本調査は2007年に実施したものであり、調査から論文化に至るまでの間に、日本社会のグローバル化や少子化の進行、経済不況、東日本大震災など台湾における日本イメージに関連し得ると考えられる社会環境的事象があったが、本章のデータ分析においてはそのような事象との関連を示すことはできなかった。

今後の課題としては、台湾における東日本大震災以降の日本イメージ調査を再度行う必要があると考える。また、イメージと関連する要因や変数については、現在の社会状況に合致した新しい項目

を検討し、必要なものを付加したい。さらに、現地におけるインタビュー調査も含め、多様な観点から現在の台湾における日本イメージを総合的に解釈していく必要性がある。さらに、本研究の知見を生かし、台湾、日本だけでなく、日本イメージを軸に東アジアを中心とした学生達の相互理解と共通認識が促進されるよう、研究を進めていきたいと考える。

[参考文献]

岩渕功一（2001）『トランスナショナル・ジャパン―アジアをつなぐポピュラー文化』岩波書店.

岩男寿美子・萩原滋（1988）『日本で学ぶ留学生―社会心理学的分析』勁草書房.

加賀美常美代・箕浦康子・三浦徹・篠塚英子（2006）「グローバル文化学に関心のある学生はどのような学生か？」『お茶の水女子大学人文科学研究』第2巻, お茶の水女子大学, 245-265.

加賀美常美代・守谷智美・楊孟勲・堀切友紀子（2009）「台湾の小学生・中学生・高校生・大学生の日本イメージの形成―九分割統合絵画法による分析」『台灣日本語文學報』第26号, 台湾日本語文学会, 285-308.

交流協会（2010）「台湾における対日世論調査」2010年3月, http://www.koryu.or.jp/taipei/ez3_contents.nsf/04/4B83AF9AE8363E8D492576EF002523D4?OpenDocument, 2011年8月18日閲覧

李衣雲（2007）「台湾における「日本」イメージの変化、1945-2003―『哈日現象』の展開について」東京大学大学院人文社会系研究科博士論文.

守谷智美・加賀美常美代・楊孟勲（2011）「台湾における日本イメージ形成―家庭環境、大衆文化及び歴史教育を焦点として」『お茶の水女子大学人文科学研究』第7巻, お茶の水女子大学, 73-85.

守谷智美・楊孟勲・加賀美常美代・堀切友紀子（2009）「台湾における日本イメージ形成の背景要因―『日本語』の位置づけに着目して」『お茶の水女子大学人文科学研究』第5巻, お茶の水女子大学, 197-209.

日本学生支援機構（2010）「平成22年度外国人留学生在籍状況調査について―留学生受け入れの概況」http://www.jasso.go.jp/statistics/intl_

student/data09.html, 2011年8月18日閲覧

纓坂英子・内藤伊都子・張恵蘭（2010）「台湾における大学生の日本語学習動機と対日イメージ」『2010年世界日語教育大会論文集：予稿集』1120-1-1120-9.

篠原信行(2003)「台湾の大学生の日本と日本語に関する意識とそのイメージ形成に影響を与える要因について」『日本言語文芸研究』第4号，台灣日本語言文藝研究學會，117-137.

周婉窈（2007）『図説台湾の歴史』平凡社.

第8章

韓国と台湾における日本イメージ形成過程の比較と総合的考察

加賀美常美代・守谷智美・岩井朝乃・朴志仙・堀切友紀子・楊孟勲

　すでに第1章から第7章までにおいてアジア諸国の、特に韓国と台湾の生徒・学生達の日本イメージや関心、日本イメージの背景となる諸要因について検討した。おもに第1章、第4章は九分割統合絵画法による描画の分析、第2章、第5章は文献研究、第6章はインタビュー調査による質的分析、第3章、第7章は質問紙調査による統計的分析である。本章では、これらのさまざまな手法により行われた研究について、韓国・台湾の小学生・中学生・高校生・大学生の日本イメージの結果を比較しながら、総合的考察を行うことを目的とする。

描画による日本イメージの調査結果の韓国と台湾の比較

1）描画全体のカテゴリーの比較

　韓国については、2006年9月、韓国の蔚山に居住する430名（小学3年生105名、中学2年生105名、高校2年生113名、大学3年生・4年生107名）を対象に調査が行われた（加賀美・守谷・岩井・朴・沈, 2008ほか）。台湾については、2007年9月、台湾の高雄に居住する475名（小学3年生130名、中学2年生108名、高校2年生109名、大学3

年生・4年生128名）を対象に調査が行われた（加賀美・守谷・楊・堀切，2009ほか）。調査方法は、九分割統合絵画法で日本イメージに関する描画を収集した。収集された描画は韓国では3480例、台湾4043例であった。描画の内容分析については、KJ法を用いてカテゴリー分類を行ったところ、台湾・韓国とも上位14個のカテゴリーが見いだされた。

韓国と台湾の描画でそれぞれ確定された14個のカテゴリーは以下のとおりである（表8-1）。これらはイメージ別に色分けしてあり、白が肯定的イメージ、灰色が中立的イメージ、黒が否定的イメージである。14個のカテゴリーの内訳は、「日本の象徴」「伝統文化」など、韓国と台湾の両方に見られた日本イメージがある一方、いずれかにのみ見られたものもある。たとえば、韓国特有のカテゴリーとしては「反日感情」がある一方、台湾特有のカテゴリーとしては「観光」「食文化」などがある。

また、類似したカテゴリー名であってもカテゴリーの定義が異な

表8-1 描画研究の結果（全体のカテゴリー順）

韓国	出現数順	台湾
生活環境	1	観光
日本の大衆文化	2	大衆文化
自然環境	3	食文化
歴史認識・領土問題	4	伝統文化
伝統文化	5	生活環境
戦争・植民地支配	6	日本の象徴
日本の象徴	7	先進国
不詳	8	親近感・接点
先進国	9	武士文化
反日感情	10	社会的風潮
社会的風潮	11	スポーツ
日韓の接点	12	自然環境
スポーツ	13	不詳
秩序・親近感	14	戦争・領土

■ 中立
□ 肯定
■ 否定

第8章　韓国と台湾における日本イメージ形成過程の比較と総合的考察

る場合がある。たとえば、韓国・台湾いずれにも"日本との接点"を表す「日韓の接点」「親近感・接点」が見られるが、台湾の場合、日常生活の中での接点からくる親近感を表す内容であるため「肯定的イメージ」とした。一方、韓国の場合には、日韓両国の現代の交流の接点となるものとして、より客観的に捉えているため、「中立的イメージ」と解釈した。この表のとおり、韓国のほうが「否定的イメージ」がより多く出現しており、台湾の主な日本イメージは肯定的または中立的なものが多かったと言える。これらをイメージごとにまとめたものが図8-1である。

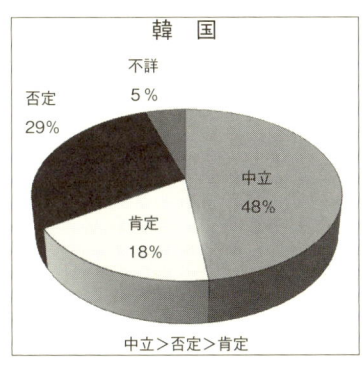

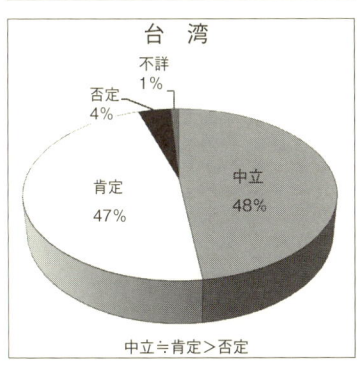

韓　国
不詳　5%
否定　29%
中立　48%
肯定　18%
中立＞否定＞肯定

台　湾
不詳　1%
否定　4%
肯定　47%
中立　48%
中立≒肯定＞否定

図8-1　描画研究の結果（全体の割合）

図8-1のように、韓国と台湾の双方において「中立的イメージ」が最も多く占めているものの、韓国の場合には「否定的イメージ」が二番目に多く、約30％程度見られる。一方、台湾では「肯定的イメージ」が「中立的イメージ」とほぼ同じ程度で、「否定的イメージ」がわずか４％であった。

２）描画全体の小学生・中学生・高校生・大学生別の日本イメージ

　次に、図8-2のとおり描画を通して韓国と台湾の小学生・中学生・高校生・大学生などの異なる発達段階で、どのような内容の日本イメージが形成されているのかを検討した。まず、韓国の結果については、全体的な特徴として、小学生は中学生・高校生・大学生と比べ、否定と肯定がほぼ同数で、他の学年と異なる様相を見せていることがわかる。また、「肯定的イメージ」は大学生が最も多く、「否定的イメージ」は、中学生が最も数が多くなっている。この「否定的イメージ」は、小学生の段階からすでにある程度形成されていることが特徴である。

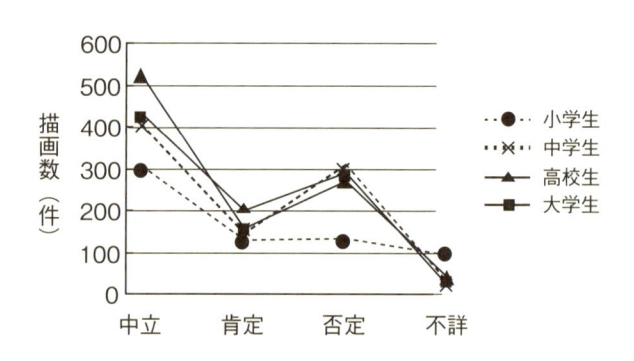

図8-2　韓国における描画全体の小学生・中学生・高校生・大学生別の日本イメージ

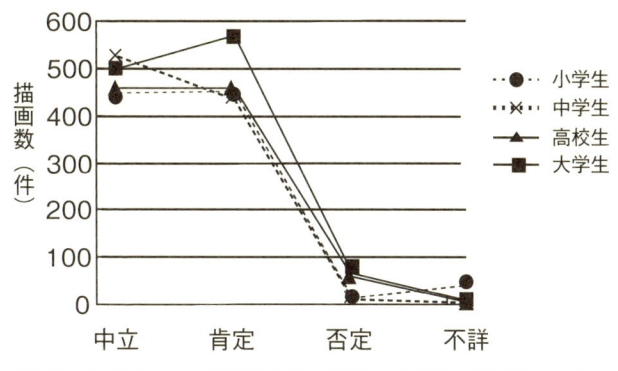

第8章 韓国と台湾における日本イメージ形成過程の比較と総合的考察

図8-3 台湾における描画全体の小学生・中学生・高校生・大学生別の日本イメージ

　一方、台湾の結果について検討すると、小学生・中学生・高校生の持つ日本イメージはいずれも似たような傾向を見せている。また、「肯定的イメージ」は他の学年と比べ、大学生で最も多くなっていることが特徴である。「否定的イメージ」は全体として少ないが、小学生ではわずかであったものが発達段階の後半、つまり、高校生以降から比較的多く出現している。

3）描画1と描画9の比較

　以上のとおり、1）、2）では、描画数全体の比較を行ってきたが、ここでは、描画の出現順位に注目して、描画1と描画9の比較分析を行った。その理由は、「九分割統合絵画法」では、「重要なイメージは最初と最後に出現しやすい」という森谷（1989）の指摘があるからである。

　まず、韓国の描画1と描画9の出現数をグラフ化すると、描画9よりも描画1のほうが多く有意差が見られたカテゴリーは「日本の

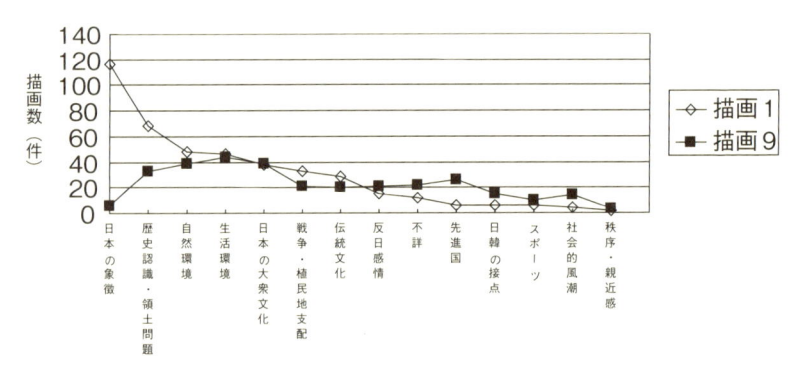

図 8-4 韓国における描画 1 と 9 の出現数比較

象徴」と「歴史認識・領土問題」である。他に「戦争・植民地支配」「自然環境」「伝統文化」なども若干描画 1 のほうが多くなっている。一方、描画 1 よりも描画 9 のほうが多く出現し有意差が見られたカテゴリーは、「先進国」「日韓の接点」「社会的風潮」などがある。

次に、台湾の描画 1 と 9 の出現数について検討したところ、図 8-5 のように、描画 9 よりも描画 1 のほうが圧倒的に多く有意差が見られたカテゴリーには、「観光」「日本の象徴」「食文化」などが挙げられる。一方、描画 1 よりも描画 9 のほうが多く有意差が見られたものには、「社会的風潮」「親近感・接点」などがある。

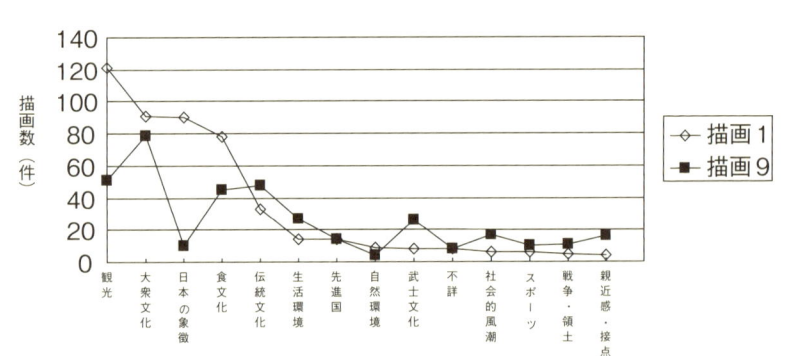

図 8-5 台湾における描画 1 と 9 の出現数比較

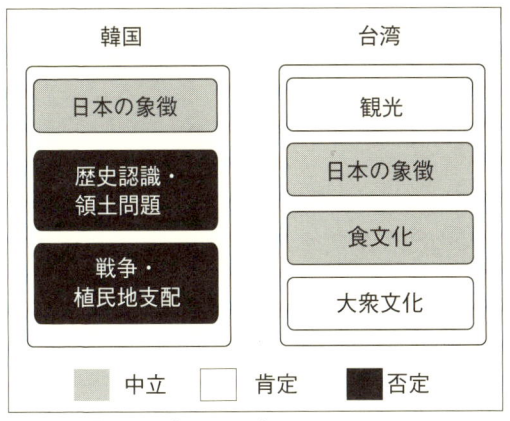

第8章　韓国と台湾における日本イメージ形成過程の比較と総合的考察

```
┌─────────────────────────────────────────────┐
│     韓国                    台湾              │
│  ┌─────────────┐       ┌─────────────┐      │
│  │ 日本の象徴   │       │   観光      │      │
│  ├─────────────┤       ├─────────────┤      │
│  │ 歴史認識・   │       │ 日本の象徴   │      │
│  │ 領土問題    │       ├─────────────┤      │
│  ├─────────────┤       │  食文化     │      │
│  │ 戦争・      │       ├─────────────┤      │
│  │ 植民地支配   │       │  大衆文化    │      │
│  └─────────────┘       └─────────────┘      │
│                                              │
│   ■ 中立   □ 肯定   ■ 否定                  │
└─────────────────────────────────────────────┘
```

図8-6　描画1に多いカテゴリー

```
┌─────────────────────────────────────────────┐
│     韓国                    台湾              │
│  ┌─────────────┐       ┌─────────────┐      │
│  │  先進国     │       │  武士文化    │      │
│  ├─────────────┤       ├─────────────┤      │
│  │ 社会的風潮   │       │  伝統文化    │      │
│  ├─────────────┤       ├─────────────┤      │
│  │ 日韓の接点   │       │ 社会的風潮   │      │
│  └─────────────┘       ├─────────────┤      │
│                        │ 親近感・接点  │      │
│                        └─────────────┘      │
│                                              │
│   ■ 中立   □ 肯定   ■ 否定                  │
└─────────────────────────────────────────────┘
```

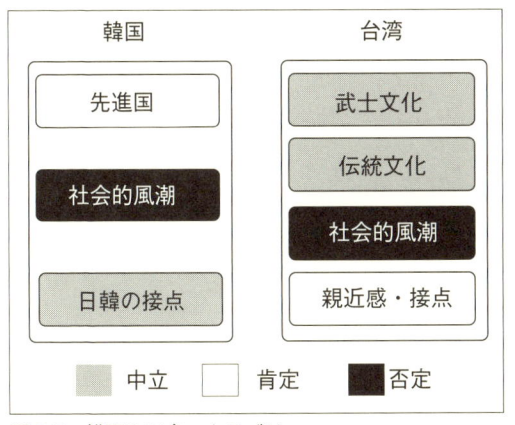

図8-7　描画9に多いカテゴリー

　以上のことから、図8-6でまとめたように、韓国と台湾で比較すると、まず、描画1に多く見られたカテゴリーは、韓国では「日本の象徴」「歴史認識・領土問題」「戦争・植民地支配」などの中立的イメージと歴史に関わる否定的イメージであり、これらが「日本」と聞くと直感的に思い浮かぶ、韓国の生徒・学生達の日本イメージであると

161

言える。一方、台湾の場合、「観光」「日本の象徴」「食文化」などのイメージが多く見られ、これらのイメージが一般に台湾社会で広く定着した、台湾の生徒・学生達の中心的な日本イメージであると考えられる。

次に、描画9で多く見られたカテゴリーは、図8-7で示すとおり、韓国では「先進国」「社会的風潮」「日韓の接点」など、すべて現代日本に関わるもので肯定的イメージ、否定的イメージ、中立的イメージが混在していた。描画1では象徴的なイメージと過去のイメージが出現するのに対し、描画9では、現代の日本に関する多面的なイメージが現れたのが特徴である。一方、台湾の場合、「武士文化」「伝統文化」「社会的風潮」「親近感・接点」などのカテゴリーであり、日常生活の中での日本に関するメディア接触経験や日本関連の情報などの影響によるものが特徴である。描画1に比べ描画9は否定的なものも出現し、心理的な側面を反映したものであると言える。

質問紙調査による日本イメージ形容詞の分析結果の韓国と台湾の比較

質問紙調査は描画の記入後に行われたため、対象者も描画調査と同様である。本研究で使用した質問票は、先行研究をもとに当該国の留学生へのインタビューを行い、研究者間の討議により作成した。質問票は日本語で作成したものを韓国語および中国語に翻訳し、さらに等価性を高めるため、それぞれの言語から日本語に翻訳するバックトランスレーションを行った。

質問項目は、日本イメージ、関心度、知識、デモグラフィック要因、TV視聴やインターネットのアクセス度等であるが、本章では岩男・萩原（1982）を参考に日本の様相を表すと考えられる19対の形容詞

項目を挙げ、SD法により回答を求めた日本イメージを表す形容詞について韓国と台湾の比較を行う（加賀美・朴・守谷・岩井, 2010；加賀美・堀切・守谷・楊, 2011）。

1）日本イメージに関する19対の形容詞項目の因子分析

因子分析については、韓国、台湾を別々に行った（主因子法、バリマックス回転）。韓国については、日本イメージ項目の因子負荷量が極端に低かったものを4項目削除し15項目を残したところ、4つの説明可能な因子が抽出された。台湾については、日本イメージ項目の因子負荷量が極端に低かったものを2項目削除し17項目を残した結果、4つの説明可能な因子が抽出された。

まず、韓国で実施した質問紙項目を主因子法によって分析した結果、以下の4因子が抽出された。第一因子は「正直な、安全な、信頼できる、好き」などの形容詞で、これらは、主に感情レベルでの

表8-2 韓国の日本イメージ形容詞　因子分析結果

Ⅰ 親和性	正直な	**.850**	.147	-.022	.104	
	信頼できる	**.764**	.087	.063	.059	
	安全な	**.747**	.115	.109	-.027	
	好き	**.683**	.006	.258	-.048	$a=.878$
	あたたかい	**.634**	.171	.323	-.121	
	親切な	**.523**	.443	.185	.128	
	穏やかな	**.500**	.279	.493	-.160	
Ⅱ 集団主義的先進性	規則を厳格に守る	.193	**.717**	-.005	-.010	
	科学技術が進んでいる	-.032	**.652**	.148	.241	$a=.718$
	集団の結束力が強い	.070	**.494**	.041	.181	
	勤勉な	.253	**.491**	.072	.347	
Ⅲ 開放性	明るい	.369	-.021	**.639**	.085	$a=.567$
	自由な	.033	.107	**.557**	.196	
Ⅳ 強さ	自己主張が強い	-.167	.149	.093	**.509**	$a=.451$
	強い	.125	.220	.073	**.454**	
	寄与率	23.1%	12.4%	8.2%	5.3%	49.0%

表8-3 台湾の日本イメージ形容詞　因子分析結果

Ⅰ 温厚さ	明るい	**.802**	.118	.108	.055	a =.819
	穏やかな	**.689**	.142	.336	.134	
	あたたかい	**.535**	.136	.455	.064	
	親切な	**.504**	.238	.465	.149	
	自由な	**.484**	.126	.183	-.067	
Ⅱ 先進的影響力	科学技術が進んでいる	.076	**.637**	.133	.102	a =.772
	集団の結束力が強い	.196	**.635**	.110	-.082	
	勤勉な	.145	**.603**	.183	.127	
	規則を厳格に守る	.186	**.591**	.249	-.040	
	強い	.170	**.493**	.270	.034	
	自己主張が強い	-.003	**.491**	-.010	.016	
Ⅲ 信頼性	信頼できる	.166	.211	**.777**	.095	a =.782
	正直な	.308	.146	**.632**	.019	
	安全な	.264	.189	**.566**	.087	
	好き	.405	.244	**.417**	.146	
Ⅳ 近接性	親しみやすい	.000	.006	.012	**.839**	a =.529
	理解しやすい	.066	.044	.100	**.420**	
	寄与率	14.0%	13.5%	13.5%	5.9%	46.9%

親しみを表しているため、「親和性」と命名した。第二因子は「規則を厳格に守る」「科学技術が進んでいる」など、先進性とともに集団主義的指向を見せているため、「集団主義的先進性」とした。第三因子は「明るい、自由な」などの形容詞で「開放性」とした。第四因子は「自己主張が強い、強い」の形容詞で、強国としての強さを表しているため「強さ」とした。累積寄与率は49.0%であった。

次に、台湾においても同様に主因子法、バリマックス回転によって因子分子を行った結果、韓国とは異なる4因子が抽出された。第一因子は「明るい、穏やかな、あたたかい」などの形容詞からなり、日本に対する温厚なイメージを表すものであったため、「温厚さ」とした。第二因子は「科学技術が進んでいる、集団の結束力が強い、勤勉な」などの形容詞からなり、日本の進んだ科学技術とそこからくる影響力を表すものであったため、「先進的影響力」とした。第

第8章　韓国と台湾における日本イメージ形成過程の比較と総合的考察

三因子は「信頼できる、正直な、安全な」という項目から構成されるため「信頼性」とした。第四因子は「親しみやすい、理解しやすい」という項目から構成されるため「近接性」とした。累積寄与率は46.9％であった。

　以上の因子分析結果を、韓国と台湾で比較すると、まず、韓国の第四因子として出現した「強さ」という因子が、台湾においては「先進的影響力」という因子に表れていた。韓国における日本の強国イメージは台湾においては見られなかった。また、韓国において「親和性」として現れた因子が、台湾においては「温厚さ」と「近接性」という2因子に分かれて出現し、肯定的イメージが台湾において細分化されて現れたことがわかる。以上のことから、全体的に韓国よりも台湾のほうが肯定的イメージ構造である傾向が見られた。

2）小学生・中学生・高校生・大学生別の日本イメージ

　次に、韓国における日本イメージ形容詞の因子得点の平均値を小学生・中学生・高校生・大学生別に分散分析を行い多重比較した。その結果、小学生のイメージは4因子ともに差がなく、これは中学生・高校生・大学生とは異なる傾向であることが見られた。さらに、因子別に見ていくと、親和性においては中学生・高校生が、小学生・大学生に比べて有意に低く、また強さにおいては有意に高いという傾向が見られた。また、集団主義的先進性においては、小学生がほかの群に比べて有意に低く、大学生が中学生・高校生に比べて有意に高いという結果が見られた。以上のことから、小学生のイメージは4因子の差が見られず、中学生・高校生・大学生とは異なる傾向を示しているため、韓国においては中学生から具体的な日本イメージが形成されていく可能性があると考えられる。また、中学生・高校生は「親和性」が最も低く、反対に「強さ」を最も高く感

表8-4 韓国におけるイメージ形容詞　因子得点の平均値と多重比較

	小学生	中学生	高校生	大学生
Ⅰ親和性	2.84	2.44 <小大**	2.45 <小大**	2.87
Ⅱ集団主義的先進性	2.95 <中高大**	3.78	3.77	4.15 >中高**
Ⅲ開放性	2.99	3.05	3.24	3.30
Ⅳ強さ	3.19	3.86 >小大**	3.74 >小大**	3.39

*<0.05，**<0.01

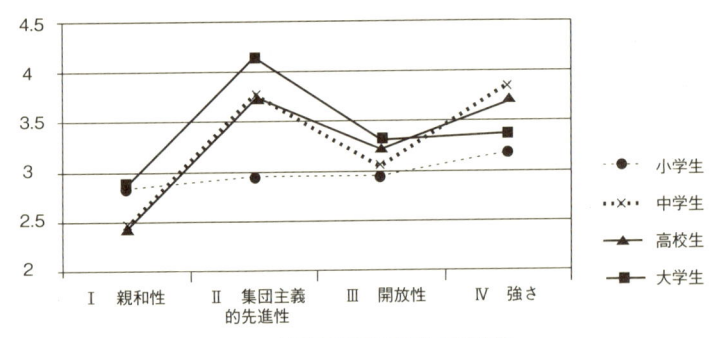

図8-8　韓国におけるイメージ形容詞因子得点の平均値

じているものの、大学生からは否定的イメージがやや緩和される傾向が見られた。これは、大学生になると広範な知識の獲得ができるため、このことがイメージに影響を与えている可能性が考えられる。

次に、台湾における日本イメージ形容詞の因子得点の平均値を小学生・中学生・高校生・大学生別に分散分析を行い多重比較した。その結果、表8-5、図8-9のとおり、中学生において「温厚さ」「信頼性」「近接性」の因子が他の群に比べて最も強く感じられていることが示された。さらに、「先進的影響力」に関しては、小学生よりも中学生が、また中学生よりも高校生が有意に高いという結果になった。以上のことから、台湾では中学生が「温厚さ」「信頼性」「近接性」を最も強く感じているため、中学生の時期に具体的な肯定的イメー

第8章 韓国と台湾における日本イメージ形成過程の比較と総合的考察

表8-5 台湾におけるイメージ形容詞 因子得点の平均値と多重比較

	小学生	中学生	高校生	大学生
Ⅰ 温厚さ	3.80 ＞大**	4.03 ＞高**大***	3.68 ＜中**	3.43 ＜小**中***
Ⅱ 先進的影響力	3.63 ＜中高大***	4.01 ＞小***高*	4.26 ＞小***中*	4.10 ＞小***
Ⅲ 信頼性	3.60	4.03 ＞小高大***	3.59	3.53
Ⅳ 近接性	2.83 ＜中**大*	3.19 ＞小**	3.06	3.14 ＞小*

*＜0.05, **＜0.01, ***＜0.001

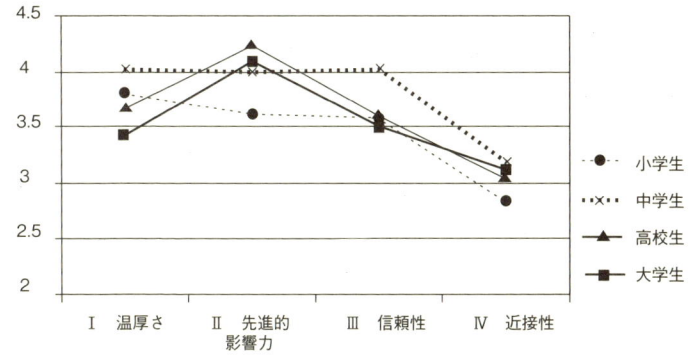

図8-9 台湾におけるイメージ形容詞因子得点の平均値

ジが形成される傾向にあることがうかがえる。また、「先進的影響力」に関しては、小学生よりも中学生、さらに高校生と段階的に強く感じているところから、蓄積されてきた知識が、イメージに影響を及ぼしている可能性が示唆された。

韓国と台湾の日本イメージに関する総合的考察

上述したとおり、韓国と台湾の日本イメージに関する分析結果をまとめたものが、表8-6および表8-7である。この結果から総合的考

察を行う。

まず、韓国に関しては、考察の観点は以下の3つである。

1．なぜ否定的イメージと肯定的イメージが混在しているのか？
2．なぜ描画1で歴史や戦争などのイメージが多く、描画9では先進国などのイメージが見られるのか？
3．なぜ中学生で否定的イメージが最も高まるのか？

考察の観点1と2については、韓国における日本イメージの背景要因を検討する必要がある。まず考察の観点1に関して、否定的イメージと肯定的イメージが混在する背景には、韓国においては、歴史教育を通じて日韓の負の歴史が継承される一方で、現代日本に関する様々な情報が溢れていることが挙げられる。韓国人学生の抱く日本の否定的イメージは、歴史に由来するものが圧倒的に多い。磯崎（1997）は、韓国における現在の日本像は、「過去の日本がどのように伝えられているか」と密接に関連しており、日本に関する記

表8-6　韓国における日本イメージの研究結果まとめ

1．九分割統合絵画法による描画研究の結果	①小・中・高・大学生の日本イメージは**中立＞否定＞肯定** ②**否定的イメージは中学生**の時期が最も多い。 ③**描画1では歴史や戦争などのイメージが多く、描画9では先進国などのイメージが多い。**
2．質問紙調査研究の結果	①小学生のイメージは4因子の差が見られず、中学生・高校生・大学生とは異なる傾向。 **⇒中学生から具体的な日本イメージが形成されていく可能性** ②中学生・高校生は「親和性」が最も低く、大学生から否定イメージが緩和される傾向。 **⇒広範な知識の獲得が、イメージに影響を与えている可能性**

憶の継承・再生産は、家族や祖父母からの私的語り伝え、マスメディアや社会からの伝達、教科書や教育を通した公的ストーリーの3つの側面から行われていると述べている。また、鄭（1997）によると、「『国史』教科書の日本像」は韓国人の日本観の原型を示すものであると言われている。このような背景を鑑みて『国史』教科書の日本関連記述に関する研究をレビューした岩井・朴・加賀美・守谷（2008）（2章参照）では、韓国の『国史』教科書に現れる日本像は倭寇、倭軍（豊臣秀吉軍）、日本軍というように、一貫して朝鮮を襲う「侵略者」、また古代より中国大陸・朝鮮半島から文化を学んできた「文化後進国」としての側面に集約されると述べられている。

韓国人学生の日本イメージ調査では、否定的側面に侵略者イメージが現れることを複数の調査結果が表しているが、これはこのような背景を反映させたものであり、侵略者イメージは、韓国社会に根づき、浸透した日本の基本イメージであると考えられる。これはまた、現代においても政治・歴史的な問題が取り上げられるたびに喚起されるイメージでもあると言えよう。

一方で、肯定的な側面も見いだされている。韓国社会には日本の経済発展や学術・文化・言論の発展を認め、そこから学ぼうとする視点も存在している。日本で出版された著作物や書籍の韓国語への翻訳は非常に盛んであるし、人気が高い（クォン, 2010）。日本の優れた企業や社会福祉などを題材としたドキュメンタリー番組等も少なくない。また、両国の経済的交流の発展に伴い、日本製品や日本企業、日本料理の飲食店なども街中で頻繁に目にするものとなっている。さらに、日本の大衆文化はインターネット等を通して以前から日本に関心のある韓国の若者に親しまれていたが、近年の日本の大衆文化の開放、日韓ワールドカップ共催、日本における韓流ブームなどの影響も受け、日本に関心を持つ層でなくとも、一般の韓国

人が多様な日本情報に接することは日常になってきている。このような状況の中、人的交流が増大し、個人的接触の機会も増加している。これらは韓国人学生の日本イメージ調査の肯定的側面に、先進国、経済大国、大衆文化など現代日本イメージが表れた背景になっていると考えられる。

このような日本に関する肯定・否定を含むさまざまな情報に日々接する中で、韓国人学生の抱く日本イメージにもその両側面が取り込まれ、否定的イメージと肯定的イメージの混在として表出されていると考えられる。

次に、観点2として、なぜ描画1で歴史や戦争などのイメージが多く、描画9では先進国などのイメージが見られるかという点に関し検討する。本研究における調査結果は、否定的イメージと肯定的イメージは均等に存在するわけではないことを示しており、その出現順位には特徴が見られた。まず現れるのは歴史的なイメージであり、描画を描きながら複数の側面を考えていくうちに、先進国などの現代日本イメージが出てくるという傾向である。これは、侵略者としての日本イメージは基本イメージとして広く共有されており、すぐに思い浮かぶのに対し、先進国などの現代日本イメージは、日本の多様な面を考える中で重要な側面として想起されるためではないかと思われる。また、このような現代日本イメージをどの程度抱くかは、個々人の日本に対する関心の度合いや周囲の環境、得られる知識や情報により、異なっている可能性がある。このようなイメージの性質の異なりから、侵略者イメージは描画1に多く、現代日本イメージは描画9に多く出現したと考えられるのではないだろうか。

最後に、考察の観点3についてであるが、中学生の段階で否定イメージが最も高い理由については、歴史教育との関連が考えられる。韓国の歴史教育は民族のアイデンティティにかかわるものであ

第8章　韓国と台湾における日本イメージ形成過程の比較と総合的考察

り、韓国人の日本観を規定する最も重要な情報源であると言われている。調査を行った当時は、第7次教育課程による教育が行われており、『国史』の教科書は国定教科書であった[1]。ここに描かれた日本像は教育を通して全国の学生達に共有されるイメージとなっていたと考えられる。韓国で体系的な歴史教育が開始されるのは小学校高学年であることから、本研究の対象である中学2年生は、教育を通して、植民地支配の事実を体系的、詳細に習っている生徒達であり、一方、小学校3年生は、公教育を通した歴史的な日本イメージをまだ体系的に学習していなかった生徒達である。これらのことから、歴史教育で学ぶ日本像が、否定的なイメージとして韓国の学生の日本イメージに反映されるのは、体系的な歴史教育を受けた後になるということが言えよう。また、高校生や大学生よりも中学生のほうが否定的イメージが高いのは、敏感な年齢の中学の時に詳細に歴史を習うことでより鮮烈な印象を受けている可能性がある。さらに、3章で述べたように、特に大学生以降では、歴史的な内容は既知のものとして定着しており、現代日本に関する幅広い知識を得ることにより、多面的なイメージが形成されて否定的イメージが緩

表8-7　台湾における日本イメージの研究結果まとめ

1. 九分割統合絵画法による描画研究の結果	①小・中・高・大学生の日本イメージは**中立≒肯定＞否定** ②肯定的・否定的イメージは**大学生の時期が最も多い**。 ③描画9では描画1に比べ**否定的イメージ**が現れやすい。
2. 質問紙調査研究の結果	①中学生において「温厚さ」「信頼性」「近接性」を最も強く感じている。 **⇒中学生の時期に肯定的イメージが形成されていく可能性** ②「先進的影響力」は小学生・中学生・高校生と段階的に強く感じられる傾向。 **⇒蓄積された知識がイメージに影響を及ぼしている可能性**

和されていると考えられる。

　以上から、否定的イメージと肯定的イメージが混在する韓国の日本イメージは、日本に関連した多様な情報が雑多に存在する韓国社会の現状を示している。その中でもイメージの出現順位や中学生で否定的イメージが最も高まる背景には、日韓の歴史とそれを伝える歴史教育の影響が大きく、さらに現在も続く領土・歴史問題、家庭での私的な語りやマスメディアの影響などが複雑に絡み合って韓国特有の日本イメージを形成しているものと考えられる。

　一方、台湾の日本イメージに関する考察の観点は、以下の2つである。

1．台湾ではなぜ肯定的イメージが否定的イメージを圧倒的に上回るのか
2．なぜ否定的イメージが描画1よりも描画9のほうに多く出現するのか

　まず、観点1に関して、台湾における肯定的な日本イメージが否定的なイメージに比べ圧倒的である背景には、現代の台湾社会における日本の大衆文化の影響が考えられる。台湾における日本の大衆文化の浸透は著しい。街を歩けば、日本語の商業用看板がすぐに目に入り、日本の外食チェーン店が建ち並び、すしや定食など日本料理の数々が手軽に食べられる。日本のファッションや音楽にあちこちで触れることができ、日本のアーティストによるJ-POPのコンサートなども頻繁に開かれる。自宅では、日本のアニメやドラマ、バラエティ番組などが気軽に楽しめ、日本の電化製品に囲まれ、日本製品のコマーシャルも自然に目にするような中で生活している。また、インターネットでは、日本通の人々によって日本の情報が常に更新

第8章 韓国と台湾における日本イメージ形成過程の比較と総合的考察

され、ほしいと思った情報にすぐにアクセスできる。

　第6章において台湾の20代、30代へのインタビューから明らかとなったように（守谷・加賀美・楊，2011）、彼らは日本の大衆文化を幼少の頃から個人的に、あるいは周囲の友人や家族とともに楽しんで成長してきている。それらが日常生活の身近なコミュニティにおける他者との共通の話題ともなるなど、日本の大衆文化との接触・享受のしかたは多岐にわたっている。そこではまた日本製品に対する家族や友人達の評価が仲間内で共有される。それゆえ、幼少のころから日本の大衆文化に慣れ親しみ成長してきた対象者が、そこで得たイメージを日本イメージそのものと重ね合わせることは、ごく自然なことであろう。

　だが、このような現在の圧倒的な日本の大衆文化の受容・浸透を可能にする素地が作られた背景には、やはり第5章で述べたような、台湾のこれまでの歴史的経緯があることは否定できないのではないだろうか。台湾においては、過去100年以上の間に、さまざまな理由で日本語が使用され、日本語ないしは日本語使用に対しそれぞれの時代における意味付与がなされ、現在に至っている（守谷・楊・加賀美・堀切，2009）。その変遷に翻弄され続けた、日本語を母語として教育を受けてきたいわゆる「日本語世代」の人々は、「日本の植民地支配、国民党政権による弾圧で自らの人生が二重に否定されたことへの反動として日本統治を肯定的に思い返す」（岩渕，2001）存在であるとも言われる。そのことによって、彼らの中で日本への好感が形成されているとも考えられる。こうした台湾の歩んできた歴史的経緯や、日本と切り離すことができない人々の存在が、日本をより身近で親しみ深い対象として受け入れることに寄与していると考えられる。

　第2の観点に関して、それほど多くはなかった否定的イメージが

描画1よりもむしろ、順番としては最後である描画9により出現する傾向が見られたことは、上述の観点1とも関連するが、日本に関する情報の豊富さによるところが大きい。日常的に日本に関する多方面の情報がこれだけ台湾社会の中にあふれていれば、たとえ日本に対する批判や否定的な捉え方が一時的に生じたとしても、それらが幼少時から接してきたより身近で安定した肯定的イメージをしのぐことは起こりにくいのではないだろうか。また、第6章でのインタビューからも明らかであるように、台湾において日本の大衆文化は個人だけでなく身近な他者、すなわち家族や友人達とともに楽しむ対象である。家庭では家族でカラオケを通して日本の演歌を楽しみ、日本製品に触れ、学校生活の中では友人と日本のアイドルや番組などの共通の話題を享受するような状況の中ではなおさら、肯定的な受容態度が共有され定着し維持されやすいのではなかろうか。

ただ、そこになぜ、歴史的経緯の中での否定的な史実が持ち出され、日本イメージに影響を与えないのかという疑問が浮かぶかもしれない。これについては、「現在は現在、過去は過去」というように両者を分けて捉えるのだという言及が、第6章のインタビューにおいて複数見られた。台湾社会がこれまで背負ってきた歴史はあまりに複雑で重く、だからこそ、多言語・多民族から構成される現代の台湾社会において、ある同一線上にそれらの史実を並べて捉えようとすることは難しい。これに加え、台湾における学校教育の影響も考えられる。台湾の学校教育課程で学んだ歴史教育は中国大陸の歴史に関する部分が多く、台湾に関する記述部分が少ないために違和感を抱き、歴史自体に関心が持てなかったことが、インタビューでも複数の言及によって示されたが、そのことがかえって過去と現在を単純に結びつけることはせず、政治的統制に左右されない客観的な歴史認識を所持しようとする考え方にもつながっていることが

うかがえるのである。それゆえ、台湾における日本イメージは、身近にあふれる肯定的なイメージがまず出現し、その後、描画を描いていく中で、熟考を経ることによって否定的イメージが出現してくるのであろう。

以上のことから、肯定的イメージが圧倒的に否定的イメージを上回る現在の台湾における日本イメージには、台湾社会が抱える現状やその背景にある歴史的経緯が直接的、間接的にかかわり、台湾独特の様相が形成されているものと考えられる。

まとめ

本研究では、新しい知見として、韓国と台湾の小学生・中学生・高校生・大学生が持つ日本イメージについての内容と形成過程について、描画全体、描画の出現順位、文献研究、インタビュー調査、質問紙調査の分析に注目することで、より踏み込んだ詳細なイメージ形成過程の差異が客観的に提示できた。最後に、その共通点と相違点に着目してまとめていきたい。

まず、韓国と台湾の小学生・中学生・高校生・大学生が日本を概してどのように見ているかというと、韓国と台湾の日本イメージ形成において共通した構造がある。それは、両方とも日本統治による過去の歴史的経緯になんらかの影響を受けており、さらに、日本の現代的な大衆文化のイメージが付加されていることである。

しかし、歴史的・政治的な経緯の捉え方には韓国と台湾では違いがある。韓国は、16世紀に起きた豊臣秀吉の文禄の役、慶長の役といった朝鮮出兵以来の「侵略者」という認識が根強く、否定的イメージの継承が歴史教育により継続的に受け継がれていくと言える。一方、台湾は、第二次世界大戦後の国民党統治に対する抵抗や、当時

日本語使用が禁止されたことにより、日本統治下において国語として日本語教育を受けざるを得なかった人々が否定されたことへの反動から日本イメージが形成・付加されたという経緯がある。

次に、日本イメージ形成の獲得の時期については、韓国と台湾の小・中・高・大学生の共通点として小学生の時期は知識量が少なく、未分化と言える。中学生の時期が分水嶺で、韓国は急速に否定的イメージを、台湾は肯定的イメージを形成させ、その後、高校生・大学生の時期にそれを定着させている。これは、9,10歳以降が文化を取り込む敏感期である（箕浦,1984）という記述と一致する。しかしながら、イメージ内容においては違いがある。九分割統合絵画法の分析では、韓国ではすでに小学生から20％程度の否定的イメージがあり、さらに、中学生になると35％になり、高校生（27％）、大学生（31％）というように、否定的イメージが定着傾向となることである。

台湾では、質問紙調査の統計的結果に言及すると、温厚さ、先進的影響力、信頼性、近接性の4因子のすべてにおいて、小学生より中学生の平均値のほうが高く、高校生・大学生ではやや減少するが安定している傾向にある。これは日常生活と直結した日本との頻繁な接触や祖父母世代の伝聞により、日本の肯定的イメージはかなり定着しているからであろう。

しかし、生徒・学生達の日本イメージが修正される時期も質問紙調査の統計的分析からは認められた。韓国と台湾の共通点としては、高校生・大学生になると、学校や社会を通して日本に関するより深い知識を得たり、また、個人的な関心からのアクセスにより関心領域の知識が豊富になったりするものと考えられる。その結果、詳細かつ現実的な知識が増加し、視野が広くなりイメージが修正されるのである。そのイメージ内容の違いとしては、韓国は「親和性」が

やや好転する傾向にあり、台湾は「温厚さ」「信頼性」がやや低下する傾向にあることが認められた。このことは、日本の情報に接近し個人的接触をしたりすることで、単純で固定化したイメージを自分自身で新たに現実的なイメージに形成し直していると言えるのではないかと考えられる。

描画1と描画9の出現順位からも同じ傾向が見て取れる。描画作成過程で1枚1枚、時間をかけて日本イメージを描いた結果、描画1よりは描画9のほうが多様なイメージを思い起こすため、まったく異なる側面のイメージが出現している。このことは、時間をかけて熟考することで日常では表出しないような日本に対する感情がさらに出現したことを示すのではないかと思われる。

最初（描画1）に出現するイメージは、韓国も台湾も共通して、単純で、直感的、単一的なイメージである。しかし、その内容については韓国と台湾とでは違いがある。韓国は否定的イメージで、台湾は肯定的イメージである。このように、描画1が示すように、直観的な判断については、ステレオタイプ的な側面が出現しやすい。その一方、描画9は描画1よりも肯定的イメージと否定的イメージの入り混じった複雑でアンビバレントな心理を反映していると言える。

それでは、肯定的イメージと否定的イメージの両方を持ち合わせる、アンビバレントな心理はどのように考えたらよいのだろうか。これは、直感的な判断や "All or Nothing" という単純な思考ではなく、時間をかけて「自ら」が熟考することで、多面的、複合的な思考に導くことを示し、多様な文化を受容しようとする異文化理解への糸口と言えるのではないかと思われる。このことから、特に、異文化間教育場面では、学生・生徒達に直観的かつ単純なステレオタイプ的判断にとどまらせず、時間をかけて熟考する機会を与えることが、

人々のステレオタイプの修正に寄与するのではないかと考えられる。

以上のとおり、韓国と台湾のイメージ形成過程を比較してきたが、これらの一連の研究は、研究方法を含め、形成過程を小学生・中学生・高校生・大学生別の学年ごとに検討した初めての異文化間教育研究の重要な試みと言える。

今後の課題としては、さらなる現地インタビュー調査も含め、家庭教育、インターネットなどのメディアの影響、異文化接触体験など、子どもだけでなく、成人世代も対象者として含め総合的に解釈していくことが挙げられる。次に、これらの一連の日本イメージの調査成果を活用して、最後に、次章において、大学院生を対象とした異文化理解プログラムを開発し、体験型教育プログラムの実践を試みる。

[注]

(1) 第7次教育課程以降、韓国の教育課程は 2007 年、2009 年に改訂されている。2007 年改訂教育課程で「国史」科目は「韓国史」となり、教科書は国定教科書から検定教科書に変更されている（教育人的資源部，2007、教育科学技術部，2009）。

[参考文献]

磯崎典世 (1997)「韓国ジャーナリズムの日本像」山内昌之・古田元夫編『日本イメージの交錯—アジア太平洋のトポス』東京大学出版会，22-44.

岩渕功一 (2001)『トランスナショナル・ジャパン—アジアをつなぐポピュラー文化』岩波書店．

岩井朝乃・朴志仙・加賀美常美代・守谷智美 (2008)「韓国『国史』教科書の日本像と韓国人学生の日本イメージ」『言語文化と日本語教育』第 35 号，お茶の水女子大学日本言語文化学研究会，10-19.

岩男寿美子・萩原滋 (1982)「韓国人大学生の対日イメージ」『慶應義塾大学新聞研究所年報』第 18 号，慶應義塾大学新聞研究所，23-35.

鄭在貞（1997）「韓国教科書の日本像」山内昌之・古田元夫編『日本イメージの交錯―アジア太平洋のトポス』東京大学出版会，6-21.
加賀美常美代・堀切友紀子・守谷智美・楊孟勲（2011）「台湾における学生の日本イメージの形成―日本への関心度と知識との関連から」『台湾日本語文學報』第 30 号，台湾日本語文学会，345-367.
加賀美常美代・守谷智美・岩井朝乃・朴志仙・沈貞美（2008）「韓国における小・中・高・大学生の日本イメージの形成過程―『九分割統合絵画法』による分析から」異文化間教育学会編『異文化間教育』第 28 号，異文化間教育学会，60-73.
加賀美常美代・守谷智美・楊孟勲・堀切友紀子（2009）「台湾の小学生・中学生・高校生・大学生の日本イメージ形成―九分割統合絵画法による分析」『台湾日本語文學報』第 26 号，台湾日本語文学会，285-308.
加賀美常美代・朴志仙・守谷智美・岩井朝乃（2010）「韓国における小学生・中学生・高校生・大学生の日本イメージの形成過程―日本への関心度と知識の関連から」『言語文化と日本語教育』第 39 号，お茶の水女子大学日本言語文化学研究会，41-49.
クォン・ヨンソク（2010）『「韓流」と「日流」―文化から読み解く日韓新時代』日本放送出版協会.
教育人的資源部（2007）『教育人的資源部　告示　第 2007-79 号』教育人的資源部.
教育科学技術部（2009）『教育科学技術部　告示　第 2009-41 号』教育科学技術部.
箕浦康子（1984）『子供の異文化体験―人格形成過程の心理人類学的研究』思索社.
森谷寛之（1989）「九分割統合絵画法と家族画」家族画研究会編『臨床描画研究』第 4 号，金剛出版，163-181.
守谷智美・加賀美常美代・楊孟勲（2011）「台湾における日本イメージ形成―家庭環境、大衆文化及び歴史教育を焦点として」『お茶の水女子大学人文科学研究』第 7 巻，お茶の水女子大学，73-85.
守谷智美・楊孟勲・加賀美常美代・堀切友紀子（2009）「台湾における日本イメージ形成の背景要因―『日本語』の位置づけに着目して」『お茶の水女子大学人文科学研究』第 5 巻，お茶の水女子大学，197-209.

〔付記〕本章は2009年5月31日に異文化間教育学会第30回大会で「韓国と台湾における小・中・高・大学生の日本イメージの形成過程の差異」という題名で共同発表（加賀美常美代・守谷智美・朴志仙・岩井朝乃・楊孟勲・堀切友紀子）を行ったものを土台に、新たに検討し執筆したものである。

第9章

奈良世界遺産による異文化理解プログラムの成果と教育プログラム開発

加賀美常美代・守谷智美・朴エスター・岡村佳代・村越彩・夏素彦

問題の所在と研究目的

　第1章から第8章まで韓国と台湾の日本イメージをさまざまな方法で検討してきたが、アジア諸国の日本イメージは、過去の歴史をもとに否定的イメージが形成され、その上に、先進技術や漫画・アニメなど現在の日本の大衆文化の受容という肯定的イメージが重なり合っている様相であることが示された。このような重なり合う複雑な日本イメージを持つために、日本へのアンビバレントな感情となっているものと考えられる。

　特に、異文化間交流で問題となるのは、過去の歴史に関連する否定的な日本イメージである（加賀美・守谷・岩井・朴・沈，2008ほか）。韓国や中国、台湾などの留学生と日本人教師との関係に微妙な影響を与えており（加賀美，2007ほか）、留学生と日本人学生との交流や友人形成に関する不満においても、この話題が関連して浮上していることが指摘されている（石原，2011など）。こうした否定的な対日認識の継続は若者達の相互理解を阻む壁となり、異文化間交流のリスクとなることも考えられる。

そこで、本研究ではこれまでの一連の調査成果を踏まえ、どのような教育的介入[1]が異文化間葛藤を解消できるかを明らかにするため、異文化間教育を専門領域とする大学院生（中国2名、韓国1名、台湾2名の留学生と日本人学生5名）10名を対象に参加型の異文化理解プログラムの実践を試みた。

プログラムの開発にあたり、異文化間接触の結果、集団間関係を好意的態度に導くための理論的枠組みである接触仮説（Allport, 1954）を重視した。接触仮説では、①対等な関係、②表面的接触より親密な接触、③協働目標、④制度的支援の4条件が満たされるときに、文化的背景の異なる集団間接触において好意的な態度形成になるとされているため、本プログラムでもその4条件を満たす内容を含み実施した。ここでの4条件とは、大学院生同士の対等な関係で、親密な接触のもとで、より高次な共通認識のもとでの協働的活動を行い、大学、大学教員が制度的支援を行うというものである。その目標は、接触仮説の枠組みと同様に、多様な文化的背景を持つ、対等な立場にある大学院生達が共通目標を持ち、協働活動を通してアジア諸国の歴史をめぐる異文化間葛藤における解決と相互理解をめざすこととした。本プログラムの内容は、人類普遍性、共通性を示す世界遺産に着目し、世界遺産から得られる地域性、独自性、人類普遍の共通性など、多文化的、複眼的な視点を新たに提供すること（田渕, 2009）とした。その際に、参加者が自らの無知を自覚し、既成の知識の修正、意識の改革をし、アジア諸国の歴史の負の部分だけではなく、過去、現在、未来の軸を意識し、正の部分、共通部分を見いだす機会を提供することをめざした。

世界遺産教育については、その概念として、①世界遺産についての教育（Education about World Heritage）、②世界遺産のための教育（Education for World Heritage）、③世界遺産を通しての教育

第9章 奈良世界遺産による異文化理解プログラムの成果と教育プログラム開発

(Education through World Heritage) が整理されている (田渕・中澤, 2007)。3つの教育は固定的なものではなく相互補完的なものであり、世界遺産や地域の文化遺産の価値が内面化されているか否かが問題となる。

①については、「世界遺産条約」が締結された理由、世界遺産の種類、ロケーション、サイト(世界遺産や地域)がどのような基準で登録され、なぜ残ったのかが示されている。②については、世界遺産の保全や保存に対する態度、世界遺産を守って次世代に伝えようとする当事者意識、世界遺産に対してどう振る舞うかについての倫理、モラル教育が挙げられる。③については、世界遺産を切り口にして、国際理解教育、平和教育、人権教育、環境教育などに迫る教育(「負の遺産」「危機遺産」)を提供し、世界遺産が自文化中心主義(エスノセントリズム)に陥る危険、他の文化と比較して文化交流の視点から自国文化を相対化させる視点を与え、どの文化も他の文化の影響を受けて存在するという文化の融合性・重層性の発見をさせようとすることである。

以上のとおり、①から③までの世界遺産教育の特徴を挙げたが、本研究における異文化理解プログラムは世界遺産を通して異文化交流や異文化理解の学びの促進をめざすため、その中の③の国際理解教育、平和教育、人権教育などの比重が大きいと言える。

一方、プログラムについては、異文化理解プログラムで参加者がどのような学びを得たか、そのプログラム自体の評価も行う必要がある。プログラム評価については、論理的枠組みとして、W.K.Kellogg Foundation (2001) の基本ロジックモデルを援用した。これは、プログラムの論理を明確にするためのモデルであり、「投入資源」「活動」「結果」「成果」「インパクト」から構成されており、プログラムの実施に関する資源間の関係性、活動内容の計画、変化や達成し

投入資源（インプット）→ 活動（アクティビティ）→ 結果（アウトプット）→ 成果（アウトカム）→ インパクト

- 異文化理解プログラムの実施
- 知識の獲得体験
- 自己評価データ、学びの獲得　教育プログラム開発
- 集団間葛藤・紛争等リスクの軽減

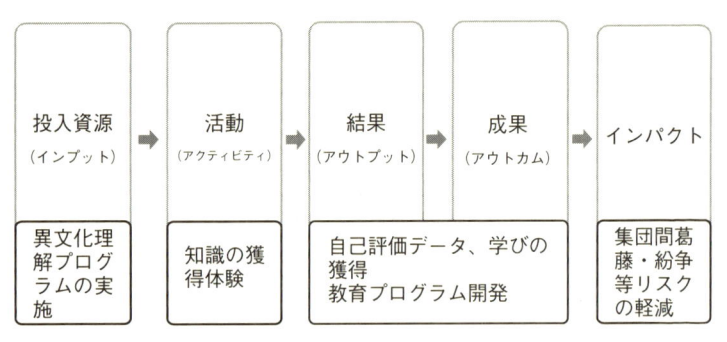

図9-1　ロジックモデルと本プログラムとの関連

ようとする結果を体系的にチャート化したものである（W.K.Kellogg Foundation, 2001；安田・渡辺，2008；安田，2011）。このロジックモデルと本プログラムとの関連については図9-1のとおりとなる。もし、「投入資源（インプット）」が導入されたら、つまり、異文化理解プログラムが実施されたら、「活動（アクティビティ）」が起こり、つまり知識が獲得され、体験が生じることとなる。次に、活動が起これば「結果（アウトプット）」が生じる、つまり参加者の自己評価データを収集でき、学びの獲得が成果として得られる。さらにその「成果（アウトカム）」として、参加者による教育プログラムの創出が得られる。このプログラム全体のインパクトとして将来、関係する集団間葛藤や国際紛争等のリスクの軽減ができ、異文化相互理解を高めることができるということが言える。

　参加者に対して実際に行われた異文化理解プログラムは以下のとおりである。まず、事前に世界遺産に関する知識を蓄積し深化させるために文献学習を行った。文献は世界遺産に関する田渕・中澤らによる論文等である（中澤・田渕，2006；2008；田渕・中澤，2007ほか）。その後、現地でのフィールドワークとして、世界遺産（唐招提寺、薬師寺、浄瑠璃寺、東大寺、興福寺国宝館）の見学を行い、それを通

して建築や仏像の特徴、世界遺産等について学んだ。見学後、参加者はアジア諸国との交流の歴史と世界遺産、文化の共通性について、田渕五十生先生による講義を受講した。具体的には、奈良の3つの顔として奈良時代、鎌倉時代、江戸時代の代表的建造物、仏像の種類や変化、伽藍の変遷などを学んだ。その伽藍を構成する1つの要素である「塔」に注目し、インドやパキスタン、中国、韓国、日本における塔の形の共通性を見ることで、仏教が大陸から日本へと伝来したものであることが理解できるような講義内容であった。最後に、フィールドワークから得た気づき、学びを学生間で共有した。終了から2カ月後に、参加者による教育プログラム開発を行った。

本研究の課題

本研究の課題については、以下の4点と設定した。
1. 異文化間教育を専門分野とする大学院生（留学生と日本人学生）は世界遺産をテーマとする異文化理解プログラム体験の中でどのような学びを獲得したか
2. この異文化理解プログラムの参加後に、参加者は自分のフィールドでどのような教育プログラムを開発したか
3. 異文化理解プログラム体験の中でのどのような学びがプログラム開発につながったか
4. プログラム開発にあたり重視した点はどのようなことか

方　法

まず、異文化理解プログラムを実施した直後に、参加者にはどのような学びがあったか、自由記述によって回答を求めた。次に、2

カ月後に自分のフィールドにおける教育プログラムを開発する課題を提出してもらった。さらに、5カ月後に異文化理解プログラムから得た学びがどのような教育プログラム開発につながったか等の作成意図を知るために補足データ収集を行った。

結　果

1. 異文化間教育を専門分野とする大学院生（留学生と日本人学生）は世界遺産をテーマとする異文化理解プログラム体験の中でどのような学びを獲得したか

プログラムを通してどのような学びを獲得したか、10名の参加者の学びを自由記述データからKJ法で整理し、図表化したところ、「異文化理解への気づき」と「文化財に対する価値観の変化」の2カテゴリーに大別された（図9-2）。「異文化理解への気づき」では、「世界遺産における文化の流動性・融合性への気づき」と「文化に対する多角的観点の獲得」の2カテゴリーが見いだせた。一方、「文化財に対する価値観の変化」では、「世界遺産の価値の再確認」「世界遺産教育の持つ可能性への気づき」「文化財と伝達者との関連の認識」の3カテゴリーが見いだせた。

図9-2のとおり、参加者は今回の異文化理解プログラムを通して体験的な知識獲得をしたことにより、文化に対する理解が広がり、また、理解の深まりも見られた。さらに、これまでの世界遺産、文化財に対する捉え方を越え、新たな価値や可能性を見いだすことができたと言える。この結果から、異文化理解プログラムの参加者は、文化に対する視点がより複眼的かつ柔軟に変化したと考えられる。プログラム参加から知識獲得、伝達機能の重要性、体験からの学び

が得られたということができる。

2. この異文化理解プログラムの参加後に、参加者は自分のフィールドでどのような教育プログラムを開発したか

異文化理解プログラム実施2カ月後に、参加者に自分のフィールドにおける教育プログラムを開発する課題を提出してもらった。参加者によって創出されたプログラム案は、大別すると3分類される。文化理解教育にかかわる交流プログラムとして実施する案が4案、

異文化理解への気づき(12)

世界遺産における文化の流動性・融合性への気づき(7)
・各国の文化遺産は外国の技術・材料を交えて作られたもの
・文化の流動性、複合性
・日本文化を評価することは他文化を認めることにつながることへの気づき
・文化を相対化できる視点の獲得
・世界遺産は文化の交流、融合によってできたもので全人類の宝物
・日本的だと思っていた文化遺産が世界から持ち寄られたもので作られたこと
・実際の研修を通した日本文化と各国とのかかわりへのより深い気づき

文化に対する多角的観点の獲得(5)
・仏教建築物および仏教思想に対する理解の広がり(2)
・説明による文化財の細部への気づき
・文化財を見る際の、作られた理由やルーツ・携わった人などへの意識を持つ複眼的観点
・異なる宗教に対する理解の深化

文化財に対する価値観の変化(7)

世界遺産の価値の再確認(3)
・世界遺産はその一国だけではなく、みんなが共有すべきもの
・歴史はみんなが作ってきたもので後世の人に残すもの
・世界遺産は単なる「観光資源」という考えから「守って残していくもの」という意識への変化

世界遺産教育の持つ可能性への気づき(2)
・世界遺産について勉強するだけでなく、世界遺産を通して考えることへの意識の変化
・世界遺産教育から郷土学習への広がり

文化財と伝達者との関連の認識(2)
・文化財には人の思いや考えが込められているという認識
・有形物の素晴らしさは長い間残っていること・文化の融合のみならず、多くの人の努力によるものであることへの気づき

図9-2　異文化理解プログラムを通してどのような学びを獲得したか

1学期間の授業としての実施案が2案、1コマの授業としての実施案が2案の合計8案であった。ここでは、最も多かった文化理解教育にかかわるプログラムの4案(日中交流2案、日韓交流2案)を紹介する。

　日中交流を焦点とした案は「世界遺産を通した中日交流教育プログラム——東アジア仏教に関連する文化遺産を中心に」(夏・石原, 2010)というタイトルで、世界遺産を通して中国と日本との文化交流を体験的に学ぶものである。対象は、中国の大学に在籍する日本語専攻の中国人大学生と、日本からの日本人留学生計30名を想定している。もう1案は「世界遺産教育プログラム」(張, 2010)というタイトルで、中国と日本との文化交流を中心とし、学習者に多様な視点から考えさせることを通して、自文化中心主義を打破することを目的としたものである。対象者は中国の大学に在籍する日本語専攻の3、4年生を想定している。

　日韓交流を焦点とした案は「日韓交流プログラム——世界遺産を通して見直す日韓関係」(朴・岡村, 2010)というタイトルで、日韓の歴史を踏まえ、世界遺産を通して友好的交流関係に気づき、両国の今後を考えることを目的とし、対象は日韓の中学1、2年生各30名程度を想定している。もう1案は、「文化遺産を用いた日韓大学生向け短期教育交流プログラム」(岩井, 2010)というタイトルで、文化遺産を用いて各国のつながりを意識化し、文化相対主義の視点の育成をめざすものである。対象者は日本語学習者である韓国人大学生とその受け入れ大学の日本人大学生である。

　以上のような、異文化理解プログラムの参加者が開発した教育プログラムについては、次の3つの特徴が見られる。すなわち、①世界遺産や文化遺産を生かした内容である、②異文化交流や異文化理解を目的としている、③教育プログラムの対象者は、おもに2つの文化のいずれか一方だけではなく双方となっている、ということである。

第9章 奈良世界遺産による異文化理解プログラムの成果と教育プログラム開発

参加者はこのような3つの特徴を踏まえ、異文化理解プログラムへの参加を通して学んだことを自らの研究対象、フィールドへと還元することをめざし、日中交流、日韓交流という文化理解に関する教育プログラムを開発したことがうかがえる。

3. 異文化理解プログラム体験におけるどのような学びがプログラム開発につながったか

異文化理解プログラムで体験した学びが、どのような教育プログラム開発につながったかに関して、KJ法で自由記述データを整理したところ、「文化交流・文化理解に関する学び」と「教育資源に関する学び」の2カテゴリーに大別された（図9-3）。前者には「文化の融合性の認識」と「文化理解の視点の拡大」が見いだせた。後者には「世界遺産の教育資源としての可能性」と「共同的体験による文化学習の可能性」が見いだせた。

このように、参加者は、今回の異文化理解プログラムへの参加を通して、2つの大きな学びを得て、これらをもとに自身のプログラムの開発を行ったことがわかる。

それでは、これらの学びと、実際に開発された教育プログラムとの結びつきはどのようになっているのであろうか。その例を挙げると、まず、「文化の融合性の認識」については、日韓の大学生を対象としたプログラムの中に見られる。すなわち、従来の語学研修を目的としたプログラムは、観光と組み合わせられることが多く、文化遺産の見学がそこに組み込まれていたとしても、それが学習機会として十分に活用されていないことが多かった、ということに着目し、文化遺産の見学や相互交流のあと、韓国と他国とのつながりに重点を置いた講義の受講機会を設定することで、参加者同士が文化の融

```
┌─────────────────────────────────────────────────────────────┐
│              文化交流・文化理解に関する学び(12)                │
│  ┌───────────────────────────┐ ┌───────────────────────────┐│
│  │ 文化の融合性の認識(8)       │ │ 文化理解の視点の拡大(3)     ││
│  │ ・他国・文化との交流・融合  │ │ ・文化継承への気づき(2)     ││
│  │   の産物としての世界（文    │ │ ・体験的学習による多文化的  ││
│  │   化）遺産(4)              │ │   視点や複眼的文化認識の重  ││
│  │ ・多文化融合の産物としての  │ │   要性                    ││
│  │   自文化（日本文化）(3)     │ └───────────────────────────┘│
│  │ ・文化の国際性、融合性      │ ┌───────────────────────────┐│
│  │                           │ │ その他(1)                  ││
│  │                           │ │ ・世界遺産にかかわる文化交   ││
│  │                           │ │   流の歴史の認識            ││
│  └───────────────────────────┘ └───────────────────────────┘│
└─────────────────────────────────────────────────────────────┘

┌─────────────────────────────────────────────────────────────┐
│                   教育資源に関する学び(7)                     │
│  ┌───────────────────────────┐ ┌───────────────────────────┐│
│  │ 世界遺産の教育資源としての  │ │ 共同的体験による文化学習の  ││
│  │ 可能性(4)                  │ │ 可能性(3)                  ││
│  │ ・（世界遺産を通して）自文   │ │ ・ピア学習による異なる視点  ││
│  │   化・他文化への理解を深め  │ │   への気づき                ││
│  │   ることによる異文化理解教  │ │ ・文化遺産による体験的学習  ││
│  │   育の可能性                │ │   を通しての文化相対的な視  ││
│  │ ・世界遺産は自文化中心主義  │ │   点の獲得の可能性          ││
│  │   の打破と現代の国際交流へ  │ │ ・留学生・日本人学生との共  ││
│  │   の示唆を持つもの          │ │   同体験によるアジアと日本  ││
│  │ ・日韓の歴史認識克服と関係  │ │   との結びつきへの学びの可  ││
│  │   改善のための世界遺産教育  │ │   能性                      ││
│  │   活用の可能性              │ │                            ││
│  │ ・文化遺産とその背景要因か  │ │                            ││
│  │   らの学びの可能性への気づ  │ │                            ││
│  │   き                       │ │                            ││
│  └───────────────────────────┘ └───────────────────────────┘│
└─────────────────────────────────────────────────────────────┘
```

図 9-3 異文化理解プログラムの学びと教育プログラム開発のつながり

合性を認識し相互理解を深めることが意識的に盛り込まれている。

また、「世界遺産の教育資源としての可能性」については、日韓の中学生を対象としたプログラムに見られる。すなわち、日本に対して否定的イメージを摂取しやすい中学生の時期において（加賀美・守谷ほか，2008）、日韓両国の中学生が両国の世界遺産の見学やその後の意見交換・交流等の活動を通して、日韓の過去・現在・未来を切り離して考えるのではなく、それらをつなぎ合わせ、相互理解をめざしている。これらの活動は、日韓を含めた多文化の融合の産物である世界遺産が重要な役割を果たすものとして位置づけられ、プログラムの中に取り入れられている。

第9章 奈良世界遺産による異文化理解プログラムの成果と教育プログラム開発

このように、参加者は、今回の異文化理解プログラムへの参加を通して、文化に対する新たな認識のしかたを獲得するとともに、世界遺産がそのための重要な教育資源になるということを、他者との共同学習の中で自ら体験的に認識し、それらの学びを各自のプログラム開発へと結びつけていったことが示された（図9-4）。

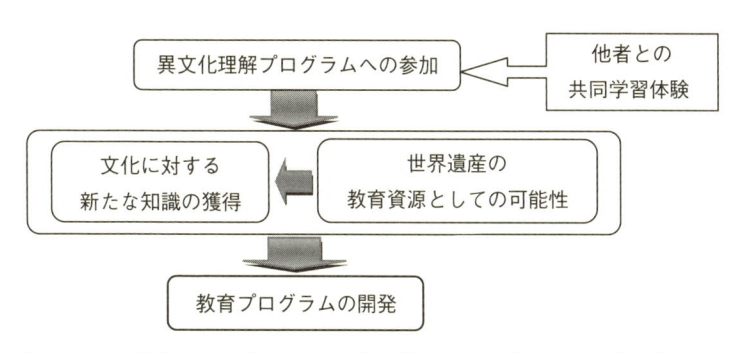

図9-4 異文化理解プログラムへの参加を通して得た学びは教育プログラム開発にどのようにつながったか

4．教育プログラム開発において重視した点はどのようなものか

プログラム開発にあたり重視した点はどのようなことかについて自由記述の結果を分析した。分析の結果、「体験・参加」「気づき・考え方の変容」「対象者の興味・能力」「教育現場への貢献」「実現可能性」「知識の獲得」の6つの大カテゴリーが見いだされた。これらのカテゴリーについて、それぞれ詳しく見ていくと、まず、「体験・参加」は学生同士による交流の機会の提供を重視した「相互交流」5例、プログラムで対象者自身が体験することによって理解を促すことを重視した「体験を通した理解」3例、知識のみ、あるいは体験のみではなく双方をバランスよく提供することを重視した「知

識と体験のバランス」2例である。次に、「気づき・考え方の変容」は文化への気づきや理解を促すことを重視した「変化に対する気づき・理解」4例、プログラムや教材によって、文化や歴史への考え方の変容を促すことを重視した「考え方の変容」3例である。3つ目に、「対象者の興味・能力」は、対象者の興味や現在の能力に即したプログラムの提供を重視した例が4例である。4つ目に、「教育現場への貢献」は教育現場の活性化、教育現場への還元を重視し

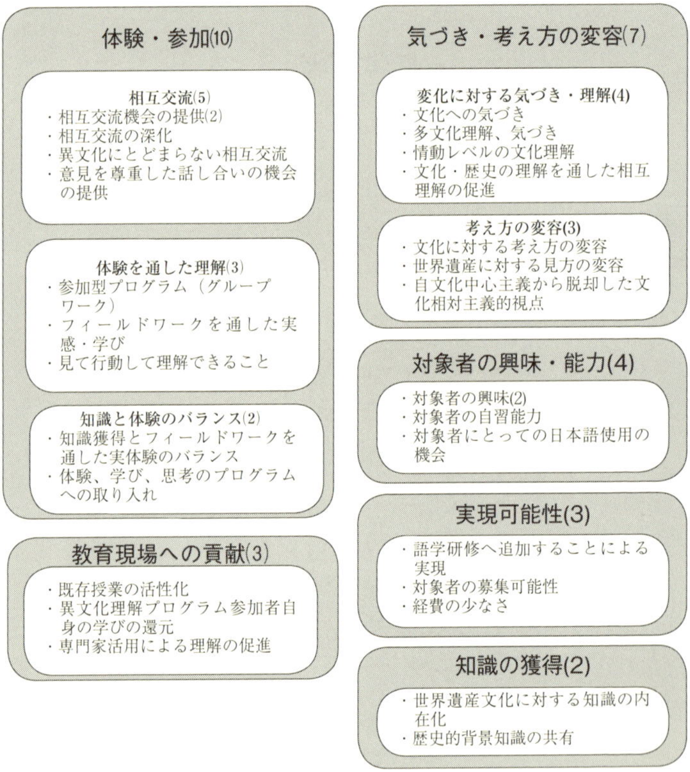

体験・参加(10)

相互交流(5)
・相互交流機会の提供(2)
・相互交流の深化
・異文化にとどまらない相互交流
・意見を尊重した話し合いの機会の提供

体験を通した理解(3)
・参加型プログラム（グループワーク）
・フィールドワークを通した実感・学び
・見て行動して理解できること

知識と体験のバランス(2)
・知識獲得とフィールドワークを通した実体験のバランス
・体験、学び、思考のプログラムへの取り入れ

教育現場への貢献(3)
・既存授業の活性化
・異文化理解プログラム参加者自身の学びの還元
・専門家活用による理解の促進

気づき・考え方の変容(7)

変化に対する気づき・理解(4)
・文化への気づき
・多文化理解、気づき
・情動レベルの文化理解
・文化・歴史の理解を通した相互理解の促進

考え方の変容(3)
・文化に対する考え方の変容
・世界遺産に対する見方の変容
・自文化中心主義から脱却した文化相対主義的視点

対象者の興味・能力(4)
・対象者の興味(2)
・対象者の自習能力
・対象者にとっての日本語使用の機会

実現可能性(3)
・語学研修へ追加することによる実現
・対象者の募集可能性
・経費の少なさ

知識の獲得(2)
・世界遺産文化に対する知識の内在化
・歴史的背景知識の共有

図9-5　教育プログラム開発において重視した点

第9章　奈良世界遺産による異文化理解プログラムの成果と教育プログラム開発

た例が3例である。5つ目に、「実現可能性」はプログラムを創出するだけではなく、それを実際に実現することを重視した例が3例である。6つ目に、「知識の獲得」は、対象者が文化や歴史の知識を内在化、共有することを重視した例が2例である。このように参加者は6つの観点を重視して、参加者が実際に置かれている環境の中で自身のプログラムの開発を行ったことがわかる（図9-5）。

それでは、参加者はなぜこのような観点からプログラムを作成したのだろうか。参加者は異文化理解プログラム参加が重要だと感じ、それが深く印象に残り、それぞれのフィールドや方法で実践したいと思い、教育プログラムの開発に至ったと考えられる。つまり、異文化理解プログラムでの体験そのものや参加すること自体が印象に残った参加者は「体験・参加型」のプログラムを作成し、さまざまな気づきを得たり考え方の変容を経験したりしたことが印象に残った参加者は「気づき・考え方の変容」を促すことを重視したと考えられる。同様に、異文化理解プログラムに参加することでプログラム参加者の興味や能力について考えた参加者は「対象者の興味・能力」を、教育現場の活性化や貢献を考えた参加者は「教育現場への貢献」を、プログラムとして実現できる可能性を意識した参加者は「実現可能性」を、まずは知ることの大切さを実感した参加者は「知識の獲得」を重視したと考えられる。さらに、教育プログラム作成の際に重視した点は一人、あるいは一組につき1つというわけではなく、いくつか挙げられたことから、参加者は異文化理解プログラムでさまざまな学びを得て、それを元に教育プログラムを開発したことがわかる（図9-6）。

異文化理解プログラムへの参加

```
        ┌─────────────────────────────┐
        │  体験 気づき 対象者の 教育現場  │
        │  参加 考え方 興味・   への    │
        │      の変容 能力    貢献     │
        │      実現  知識の           │
        │      可能性  獲得           │
        └─────────────────────────────┘
              重視した点
```

印象に残ったことを抽出 →

教育プログラム開発

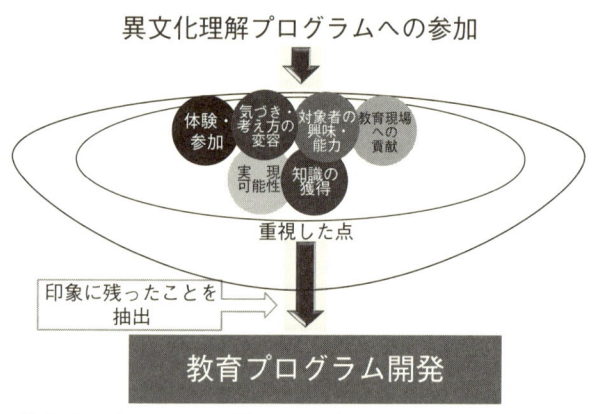

図 9-6　教育プログラム開発で重視した点（大カテゴリー間の関連図）

5．教育プログラムを通して学んでほしいことはどのようなことか

あなたが開発したプログラムを通して対象者に学んでほしいことは何かという質問については、図9-7のとおり、「認識の拡大」「交流・体験による学び」「知識の獲得」「文化の融合性」「物事への視野の拡大」の5つの大カテゴリーが得られた。まず、「認識の拡大」のカテゴリーは最も多く、相対的認識、歴史認識に基づく未来志向、グローバルな認識であった。次いで、「交流・体験による学び」のカテゴリーで、体験的学習、学生相互交流であった。3つ目に、「知識の獲得」は、対象者に自国と他国の世界遺産の知識などを学んでほしいという〈世界遺産の知識〉、日中文化の交流の歴史や日韓交流の歴史を学んでほしいという〈自国と他国の歴史の知識〉であった。4つ目に、「文化の融合性」のカテゴリーは、対象者に文化がお互いに影響し合うことや文化間のつながりなどを学んでほしいということを期待する内容である。5つ目に、「物事への視野の拡大」は、対象者に物事に対して柔軟な思考、相対的な認識を持ってほし

第9章 奈良世界遺産による異文化理解プログラムの成果と教育プログラム開発

い、身近なものの大切さに気づき受け継ぐことを学んでほしい、また、環境保護への関心を喚起してほしいというような内容である。参加者は自身が開発した教育プログラムを通して、このような5つの観点を対象者に学んでほしいと考えていることがわかった。図9-8は、さらに、これらのカテゴリーを関連させて図式化したものである。このことから、参加者は自身が開発した教育プログラムから、体験的な学びや共同学習による相互交流という方法で、対象者に世界遺産の知識の獲得を通して、文化の融合性や認識の拡大に気づいてもらい、さらにそれが一般的な視野の拡大につながっていくことを学んでほしいと願っていることがうかがえる。

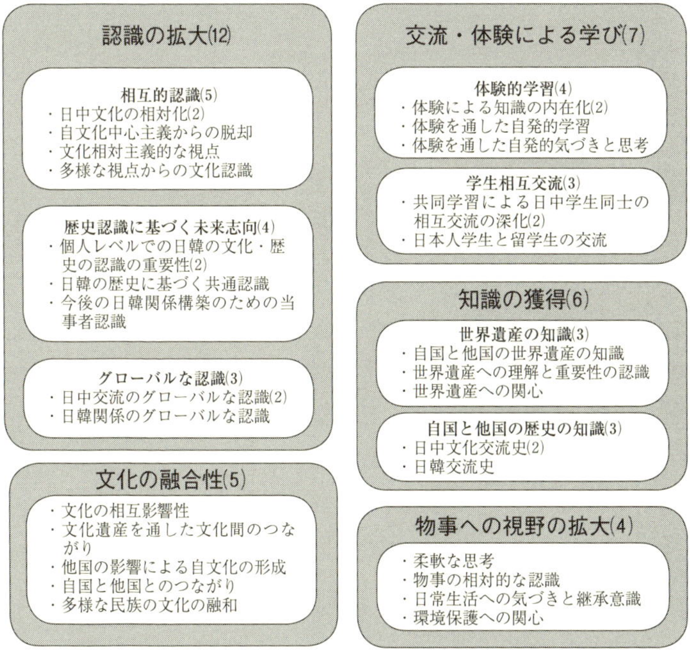

認識の拡大(12)

- 相互的認識(5)
  - 日中文化の相対化(2)
  - 自文化中心主義からの脱却
  - 文化相対主義的な視点
  - 多様な視点からの文化認識

- 歴史認識に基づく未来志向(4)
  - 個人レベルでの日韓の文化・歴史の認識の重要性(2)
  - 日韓の歴史に基づく共通認識
  - 今後の日韓関係構築のための当事者認識

- グローバルな認識(3)
  - 日中交流のグローバルな認識(2)
  - 日韓関係のグローバルな認識

文化の融合性(5)

- 文化の相互影響性
- 文化遺産を通した文化間のつながり
- 他国の影響による自文化の形成
- 自国と他国とのつながり
- 多様な民族の文化の融和

交流・体験による学び(7)

- 体験的学習(4)
  - 体験による知識の内在化(2)
  - 体験を通した自発的学習
  - 体験を通した自発的気づきと思考

- 学生相互交流(3)
  - 共同学習による日中学生同士の相互交流の深化(2)
  - 日本人学生と留学生の交流

知識の獲得(6)

- 世界遺産の知識(3)
  - 自国と他国の世界遺産の知識
  - 世界遺産への理解と重要性の認識
  - 世界遺産への関心

- 自国と他国の歴史の知識(3)
  - 日中文化交流史(2)
  - 日韓交流史

物事への視野の拡大(4)

- 柔軟な思考
- 物事の相対的な認識
- 日常生活への気づきと継承意識
- 環境保護への関心

図9-7 教育プログラムから学んでほしいこと

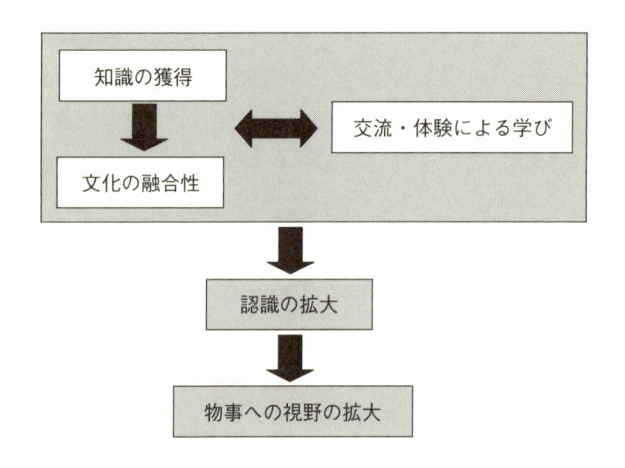

図9-8 教育プログラムから学んでほしいこと（大カテゴリー間の関連図）

まとめと考察

この異文化理解プログラムでは、世界遺産が持つ人類にとっての普遍的な学びを得ることで、留学生は固定化された日本イメージが修正されること、一方、日本人学生は日本の歴史やアジアの近代史の無知による歴史認識のギャップが解消されることを目的とした。その結果、留学生も日本人学生も体験的知識獲得により、アジア地域の過去の文化交流の歴史文化の融合性への気づき、多角的視点の獲得、理解の深化が見られ、既成の世界遺産・文化財観から新たな価値観への変化が認められた。このことから、この異文化理解プログラムはアジアからの留学生の異文化間葛藤の解決に向けて貢献しうるものと言える。

参加者はどのような新しい学びを獲得したかという点では、「世界遺産についての教育、世界遺産のための教育、世界遺産を通して

第9章 奈良世界遺産による異文化理解プログラムの成果と教育プログラム開発

の教育」(田渕, 2009)が示すとおり、プログラム参加から、過去の文化交流の歴史を通して文化の融合性など新しい知識獲得や、文化伝達の意義、体験からの学びが得られたということができる。

学びと教育プログラム開発のつながりについては、参加者は、異文化理解プログラムへの参加を通して、文化に対する新たな捉え方を獲得するとともに、世界遺産がそのための重要な教育資源になるということを、他者との共同活動の中で自ら体験的に認識し、それらの学びを各自のプログラム開発へと連動させていた。さらに、異文化間葛藤の解決に向けて、日韓の中学生を対象にしたプログラムでは、日韓の過去、現在、未来というように歴史的つなぎ合わせをしており、世界遺産が相互理解の触媒的役割を果たしていた。

プログラムで重視した点については、異文化理解プログラムに参加した体験で印象に残ったことが体験か、気づきを促すものか、知識獲得かなど、対象者の興味関心によって、それぞれのフィールドの教育プログラムの開発が異なり、印象に残ったものを抽出している傾向が見られた。

教育プログラムから学んでほしいことについては、参加者が対象者に世界遺産への関心や知識を学生同士の交流体験の学びから得ることで、自民族中心主義から脱却し、過去から未来への歴史認識に気づき、文化の相互影響力を認識してほしいことが示された。また、それによって日常レベルの物事に対する柔軟な思考や視野の拡大にも及んでほしいことが認められた。このことは、すでに述べているとおり、自分の世界遺産に関する体験的学びが教育プログラム開発へと連動していることを指していた。

全体の異文化理解プログラムの評価に関しては、上述したとおり、論理を明確にするために「投入資源(インプット)」「活動(アクティビティ)」「結果(アウトプット)」「成果(アウトカム)」「インパク

ト」から構成されているロジックモデル（W.K.Kellogg Foundation, 2001）と本プログラムを関連させているが、今回の実践では、ほぼ達成していると言えよう。その理由としては「投入資源（インプット）」「活動（アクティビティ）」「結果（アウトプット）」については、参加者の自己評価データを収集でき、学びの獲得が成果として得られ、さらに、次の段階の「成果（アウトカム）」として、参加者による教育プログラムの創出というアウトカムが実証的に得られたからである。また、本プログラムの結果は単なる参加者の学びにとどまらず、学びの活用を通して、自分の持つフィールドで、あるいは、将来の自分のキャリアを考えた上での異文化間教育の実践者としてこの体験をどのように生かすかという、異文化間教育に対するビジョンを含む上位の教育プログラム開発でもあるからである。しかし、異文化理解プログラム評価の「インパクト」の検討がまだ課題として残されている。この点については、参加者達が、今後、専門家として実際に異文化間教育のコーディネーターなどの立場に立ち、対象者にこの教育プログラムを実施する機会が待たれる。

　本研究の今後については、長期的な視点から参加者の学びがどのように継続され、内在化されているか、また、こうした異文化理解プログラムの参加と教育プログラム開発の実践によって、今後、異文化間葛藤やグローバル社会へのリスクがどのように軽減され、解決されていくのか、さらに、教育現場への貢献や影響がどのようになされているか、参加者へのインタビュー等で長期的、継続的に検討していきたいと考えている。

[注]
(1)　教育的介入とは「一時的に不可避な異文化接触体験を設定することで組織と個人を刺激し、学生の意識の変容を試みる行為」である（加

賀美，2001)。教育的介入における教育とは、目的的、意図的になされるコミュニケーションで、社会に望ましい行動を助長し、そうでないものを抑制する(坂田，1978)ことで、また、介入とは望ましくない状況にならないように早期に予防し、対象者に働きかけを行うことである(加賀美，2006)。

[参考文献]

Allport, G. W. (1954) *The Nature of Prejudice. Reading*, M.A. : Adison-Wesley.

石原翠 (2011)「留学生の友人関係における期待と体験の否定的認識との関連―中国人留学生の場合」異文化間教育学会編『異文化間教育』第34号,異文化間教育学会，136-150.

岩井朝乃 (2010)「文化遺産を用いた日韓大学生向け短期教育交流プログラム」お茶の水女子大学CSD異文化コミュニケーション・プロジェクト2009年度「奈良教育遺産から学ぶ異文化理解教育研修」報告書(研究代表者　加賀美常美代) 2010年3月，46-47.

加賀美常美代 (2001)「留学生と日本人のための異文化間交流の教育的介入の意義―大学内及び地域社会へ向けた異文化理解講座の企画と実践」『三重大学留学生センター紀要』第3号,三重大学留学生センター，41-53.

加賀美常美代 (2006)「教育的介入は多文化理解態度にどんな効果があるか―シュミレーション・ゲームと協働的活動の場合」異文化間教育学会編『異文化間教育』第24号，異文化間教育学会，76-91.

加賀美常美代 (2007)『多文化社会の葛藤解決と教育価値観』ナカニシヤ出版.

加賀美常美代・守谷智美・岩井朝乃・朴志仙・沈貞美 (2008)「韓国における小・中・高・大学生の日本イメージの形成過程―『九分割統合絵画法』による分析から」異文化間教育学会編『異文化間教育』第28号，異文化間教育学会，60-73.

中澤静男・田渕五十生 (2006)「奈良における世界遺産教育―シルクロードの文化を中心にして」『教育実践総合センター研究紀要』第15号,奈良教育大学教育学部附属教育実践総合センター，145-153.

中澤静男・田渕五十生（2008）「地域学習としての『世界遺産教育』」『奈良教育大学紀要 人文・社会科学』第57巻第1号，奈良教育大学，129-140.

お茶の水女子大学CSD異文化コミュニケーション・プロジェクト2009年度「奈良教育遺産から学ぶ異文化理解教育研修」報告書（研究代表者 加賀美常美代）2010年3月.

朴エスター・岡村佳代（2010）「日韓交流プログラム―世界遺産を通して見直す日韓関係」お茶の水女子大学CSD異文化コミュニケーション・プロジェクト2009年度「奈良教育遺産から学ぶ異文化理解教育研修」報告書（研究代表者 加賀美常美代）2010年3月，41-45.

坂田稔（1978）「教育のコミュニケーション」石川弘義編著『日常コミュニケーションの社会心理学』ブレーン出版，196-213.

田渕五十生（2009）「世界遺産教育とその可能性― ESDを視野に入れて」『国際理解教育』第15号，日本国際理解教育学会，1-17.

田渕五十生・中澤静雄（2007）「ＥＳＤを視野に入れた世界遺産教育―ユネスコの提起する教育をどう受けとめるか」『教育実践総合センター研究紀要』第16号，奈良教育大学教育学部附属教育実践総合センター，59-66.

W.K.Kellogg Foundation. (2001) *The Logic Model Development Guide*. Mchigan, W.K.Kellogg Foundation

夏素彦・石原翠（2010）「世界遺産を通した中日交流教育プログラム－東アジア仏教に関連する文化遺産を中心に」お茶の水女子大学CSD異文化コミュニケーション・プロジェクト2009年度「奈良教育遺産から学ぶ異文化理解教育研修」報告書（研究代表者 加賀美常美代）2010年3月，34-37.

安田節之（2011）『プログラム評価―対人・コミュニティ援助の質を高めるために』新曜社.

安田節之・渡辺直登（2008）『プログラム評価研究の方法』新曜社.

張慧穎（2010）「世界遺産教育プログラム」『お茶の水女子大学CSD異文化コミュニケーション・プロジェクト2009年度「奈良教育遺産から学ぶ異文化理解教育研修」報告書（研究代表者 加賀美常美代）』2010年3月，38-40.

第9章　奈良世界遺産による異文化理解プログラムの成果と教育プログラム開発

付記
1．この研修企画に賛同してくださり、多大なるご協力を惜しみなくくださった田渕五十生先生、中澤静男先生、山下欣浩先生、楊永参さん、ボランティアガイドの方々に心より御礼を申し上げたい。また、華厳宗大本山東大寺ご住職の森本公穣氏、法相宗大本山薬師寺執事伽藍主事の松久保伽秀氏には特別な配慮をいただいたおかげで、貴重な経験をさせていただいた。このことについても心から感謝を申し上げたい。
2．本章は2010年6月13日に異文化間教育学会第31回大会ケースパネル「奈良世界遺産から学ぶ異文化理解プログラムの成果と教育プログラム開発」で共同発表（加賀美常美代・守谷智美・朴エスター・岡村佳代・村越彩・夏素彦）を行ったものを土台に、新たに検討し執筆したものである。ディスカッサントの田渕五十生先生および森茂岳雄先生には重要なコメントをいただいた。心より感謝申し上げたい。

おわりに

　アジア諸国の中の日本に生きる私達は、微妙で難しい立場に立たされている。マスメディアが報道するマクロレベルでのアジア諸国との外交政治問題と私達が日常的に接するミクロレベルのアジア諸国の人々との対人交流については、落差を感じる今日この頃である。先日、ある新聞に韓国旅行した夫婦が現地の韓国人の若者に親切にされた体験からマスメディアの報道を疑問視するという内容の記事が掲載されていた。このことからも国と国との外交と人と人との交流は別物であるといえる。

　本書は異文化間教育という視点から、2006年から2009年まで大学の研究助成を受け、加賀美研究室の大学院生達とともに共同研究の結果を論文化したものの集大成である。韓国と台湾の限定された都市に居住する、日本人との接触頻度の低い小学生から大学生が感じる日本イメージを検討した。ここ数年、領土問題や歴史問題などに端を発するマスメディアの反日感情に関する報道が噴出する中で、共に現代社会を生きる日本を含むアジア諸国の若者達に、日本イメージ調査に関する客観的データを通してアジアの子ども・若者達（小学生から大学生まで）が日本についてどのように見ているか、心理や教育の視点から、異文化間葛藤の諸相を考えてもらうことが本書の趣旨である。

　私の研究室には日本の大学院生だけでなく、韓国、台湾、中国出身の大学院生達もいる。留学生達は日本社会と母国の狭間におり、さまざまな異文化間葛藤を抱えている。だからこそ日本イメージという切り口を通して、彼ら自身が日ごろ感じている異文化間葛藤を

おわりに

日本人学生とともに研究することで、それぞれの課題解決に向かうことができるのではないかと研究企画を考えた。本研究は研究課題の設定から、質問票の作成、調査実施先の選定、調査の実施、調査結果の入力、翻訳、分析、論文化に至るまで、日本人学生と留学生を交えて検討し、8年の歳月をかけて継続して積み上げてきた。こうした長期間の継続した共同作業がなければ、この共同研究は成り立たなかったと思う。特に、海外調査研究では、留学生および日本人の海外経験者達が、彼らの持っている援助資源と能力を総結集してくれ、同じ研究者として頼もしい存在であった。現地の教育機関や先生方との調整や通訳・翻訳、調査結果と分析、その解釈に至るまで、その研究能力は本書からも汲み取っていただけたと思う。私自身は文化的背景の異なる研究者同士、大学院生同士の異文化間教育の共同研究の醍醐味を思う存分味わわせていただき、また、こうした貴重な経験を与えられ本当に幸せだと思っている。

さて、テキストとしての本書の目指す特徴をまとめると、次のとおりである。
1. アジア諸国の子ども達は日本のことをどのように見てどのように感じているのか、イメージ調査を通して日本の人々、とりわけ調査対象者と同世代の若い人々に情報提供を行い、グローバル社会でどのように共に生きていくか、新たな気づきを促し多角的な視点を提供する。
2. 九分割統合絵画法による描画研究を通して、アジアの子ども達の日本に対する関心の深さ、知識の豊富さを理解するとともに、日本の人々の持つアジア諸国への知識や関心が相対的にいかに低いかについても振り返る機会を示していく。
3. さまざまな研究方法(九分割統合絵画法、質問紙調査、インタビュー

調査、文献調査など）と分析方法を学ぶとともに、日本イメージの背景要因に気づいていく。
4. イメージを通して見た日本とアジア諸国の葛藤を理解し、葛藤解決プログラムの開発と実践を通して効果測定および問題解決の可能性をめざす。

というように、上記の4つに集約される。

　本書の使用については、大学生や大学院生のための異文化間教育研究のテキストとして、大学における異文化間心理学、異文化間教育、国際理解教育、日本社会事情などの講義、少人数のゼミなどに適している。特に、留学生と日本人学生の合同授業などを通して、文化的背景の異なる人々が国際社会の紛争解決の課題を考え、文化的背景の異なる人々と社会のあり方について共に学び討論することも可能である。また、地域社会での外国人との共生に関する研究会やワークショップなどの参考図書として活用することも可能でもある。このように、本書は、国際社会の中で日本人と外国人がどのように葛藤を認知し解決していけばよいか、現実的な多文化間の教育場面で応用できるとともに、多様な文化的背景を持つ人々が共生していくための重要な示唆を与えるものである。この本により、アジア諸国のかねてから存在し、今なお継続して抱えている問題とその解決に向けて、学生達が客観的な根拠をもとに本質的な価値判断が下せるようになること、また、広く人類の普遍的な平和と幸福が追求できるようになることを期待したい。なお、本書では2006年〜2007年の調査研究結果が中心となっているため、現在まで7年が経過している。その間には少子化の進行、リーマンショック以降の経済不況、政局の不安定さ、2011年の東日本大震災など日本イメージに関連しうる大きな社会環境的事象が多発している。したがって、

おわりに

この数年で日本イメージ内容については変化が見られる可能性がある。これについては、現在、科学研究費補助金による研究が進行中であり、今後の課題とさせていただきたい。

　最後になってしまい大変恐縮であるが、出版事情の厳しい中、本書の出版を快く引き受けてくださり、今、この時期に本書を出版する社会的意義をご理解くださった明石書店の大江道雅氏、きめ細かく校正作業をしてくださった編集担当の清水聰氏、清水祐子氏にこころより感謝を申し上げたい。

2013 年 9 月 20 日

編著者
加賀美常美代

索 引

【あ行】

愛国的 … 37
アイデンティティ … 83, 91
a 係数 … 142, 146
アンビバレント … 3, 15, 34, 48, 49, 51, 96, 97, 177, 181
一元配置分散分析 … 61, 140, 142
一貫性 … 142
一般化 … 85
一般的知識 … 65
異文化間葛藤 … 182
異文化間教育 … 198
異文化間教育プログラム … 27, 51
異文化間接触 … 182
異文化接触体験 … 85
異文化相互理解 … 184
異文化理解 … 152, 177, 186
異文化理解プログラム … 85, 178, 181, 182, 183, 184, 185, 186, 188, 189, 191, 193, 196, 197, 198, 201
イメージ … 16
因子 … 60
因子負荷量 … 60
因子分析 … 60, 140, 141
インタビュー … 115, 173
インタビュー調査 … 155
インパクト … 183
SD 法 … 43, 44, 60, 92, 95, 140, 163
エスニック・アイデンティティ … 105
エスニック・グループ … 103
温厚さ … 141

【か行】

下位カテゴリー … 75
戒厳令 … 84, 92, 113
χ^2 検定 … 19, 78
外省人 … 106
開放性 … 61
活動 … 183
葛藤要因 … 50
家庭環境 … 84, 93, 114
家庭教育 … 85
環境教育 … 183
関心度 … 60, 139, 140
基本ロジックモデル … 183
九分割統合絵画法 … 4, 13, 16, 44, 72, 74, 86, 93, 95, 114, 137, 155, 156, 159, 168, 171, 176, 203
教育課程 … 35
教育の介入 … 85, 182
教育の「本土化」 … 132
協働目標 … 182
協働的活動 … 182
近似性 … 48
近接性 … 142, 165
グローバル化 … 152

グローバル社会 198
経済大国 46
蔑視イメージ 46
KJ法 17, 44, 58, 75, 116, 156, 186, 189
形成過程 13, 72, 83
形成要因 51
形容詞項目 140
ゲートキーパー 25
結果 183
現代日本イメージ 47, 170
検定教科書 35
好意度 136
肯定的イメージ 17, 47, 48, 50, 58, 69, 72, 76, 80, 82, 83, 84, 85, 93, 94, 95, 128, 137, 142, 148, 149, 150, 156, 157, 158, 159, 162, 165, 166, 168, 170, 172, 174, 175, 176, 177, 181
抗日 38
交流・体験による学び 194
「国語」化 90
国際社会問題 63
国際理解教育 183
国史 34
『国史』教科書 34, 169
国定教科書 35
国民アイデンティティ 36
国民党 83
国民党政権 173
個人的接触 149
個人的知識 66

【さ行】

自我形成 26
施恵論 41
自国イメージ 37
自己評価データ 184
思春期 26
質的分析 155
質問項目 60, 140
質問紙調査 45, 59, 139, 155
私的な語り伝え 50
自文化中心主義 183
自民族中心主義 197
社会的知識 66
社会的背景 95
社会的風潮 58
社会的報道 146
重回帰分析 67, 147
自由記述データ 186
重層性 183
集団主義の先進性 61
自由連想記述 45
出現順位 159, 170
上位カテゴリー 75
少子化 152
触媒の役割 197
植民地史観 36
植民地支配 37, 56, 57, 173
自律の受容論 41
親近感 112
親近性 150
人権教育 183
壬辰倭乱 37, 48
親日 73, 83
親密な接触 182
信頼性 141, 146, 165

侵略者	38, 57, 169	多重比較	61, 142
侵略者イメージ	45	知識	60, 73, 139, 140
人類普遍性	182	知識の獲得	194
親和性	61, 73	中立的イメージ	19, 47, 48, 50, 58, 72, 77, 80, 82, 83, 85, 94, 95, 137, 156, 157, 158, 161, 162
ステップワイズ法	147		
ステレオタイプ	25, 70, 178		
成果	183		
制度的支援	182	朝鮮通信使	41
世界遺産	182	強さ	61
世界遺産教育	182	帝国主義者	38
世界遺産条約	183	デモグラフィック要因	60, 140
接触仮説	182	Tukey 法	142
説明変数	67	等価性	162
先進国	46	同化政策	90, 113
先進の影響力	141	統計的分析	139, 155
選択的接触	27	投入資源	183
相互理解	72, 182, 197		

【た行】

【な行】

体験型教育プログラム	178	内容分析	14
体験的知識獲得	196	228 事件	97
大衆的娯楽	146	日韓共通教材	50
大衆文化	47, 84, 94, 114	日韓交流	188
対人関係構築	57	日韓国交正常化	43
対等な関係	182	日中交流	188
対日意識	136	日帝	40
対日イメージ	13	日帝強占期	40
対日観	14	日本イメージ	13, 15, 16, 19, 25, 27, 28, 33, 34, 36, 43, 45, 46, 47, 48, 49, 50, 51, 56, 57, 58, 59, 60, 61, 62, 64, 67, 68, 69, 70, 72, 73, 74, 75, 77, 83, 84, 85, 86, 91, 93, 94, 95, 96, 97, 98, 100, 101, 102, 103, 104, 105, 106, 107, 108, 113, 114, 115, 116, 120, 124, 125, 130, 131, 132,
対日感情	15		
対日世論調査	73, 112		
対日態度	15, 73		
台湾	72, 90		
多角的観点	186		
多言語社会	103		
他国イメージ	37		

133, 136, 137, 138, 139, 140, 141, 142, 147, 148, 149, 150, 151, 152, 153, 155, 156, 157, 158, 159, 161, 162, 163, 165, 166, 168, 169, 170, 171, 172, 173, 174, 175, 176, 177, 178, 181, 196
日本イメージ形成……………… 49
日本イメージ調査……………… 43
日本イメージの多面性………… 46
日本観…………………………… 34
日本関連記述…………………… 36
日本偶像劇……………………… 100
日本軍…………………………… 39
日本語…………………………… 173
日本語使用状況………………… 117
日本語世代……………… 98, 173
日本製品………………………… 143
日本像……………………… 33, 57
日本統治時代………… 83, 90, 94
日本との積極的接触…… 63, 143
日本被統治経験………………… 83
日本文化………………………… 64
二律背反的………………… 25, 56
認識の拡大……………………… 194

【は行】

哈日族…………………………… 100
背景要因………………………… 138
バックトランスレーション… 17, 59, 140, 162
発達段階…… 16, 58, 72, 114, 139
半構造化面接…………………… 115
反日……………………………… 73
反日感情………………………… 58
東日本大震災…………………… 152

否定的イメージ……………… 19, 22, 24, 25, 26, 27, 28, 29, 45, 48, 58, 70, 72, 77, 80, 84, 85, 94, 128, 149, 156, 157, 158, 159, 161, 162, 166, 168, 170, 171, 172, 173, 175, 176, 177, 181, 190
描画…… 16, 45, 74, 114, 149, 155
表面的接触……………………… 182
敏感期…………………………… 69
プログラム開発………………… 185
文化後進国……………………… 169
文化後進国イメージ…………… 46
文化相対主義…………………… 188
文化的価値……………………… 26
文化的価値観…………………… 69
文化的優越性…………………… 41
文化の融合性……………… 183, 194
文化の流動性…………………… 186
文献研究………………………… 155
平和教育………………………… 183
Bonferroni法 …………………… 61
包括的日本文化………………… 143
本省人…………………………… 106

【ま行】

マスメディア……… 25, 48, 83, 84
未来志向的な関係……………… 50
民族アイデンティティ………… 36
民族主義的性向………………… 36
メディア………………………… 25
目的変数………………………… 67
物事への視野の拡大…………… 194

【やらわ行】

有意差·················· 142, 159
有意抽出················ 27, 85
融合性·················· 186
リスク·················· 181, 198
リスク要因··············· 33
領土問題················ 34, 58
類似性·················· 48
歴史観·················· 38

歴史教育················ 34, 125
歴史的経緯·············· 3, 42, 50, 56,
　72, 74, 83, 84, 90, 95, 100, 107,
　112, 113, 137, 173, 174, 175
歴史的なイメージ·········· 170
歴史認識················ 33, 57, 58, 196
倭軍···················· 39
倭寇···················· 39

編著者・執筆者紹介 (※は編著者)

加賀美 常美代（かがみ とみよ）[はじめに、第1章、第2章、第3章、第4章、第5章、第6章、第7章、第8章、第9章、おわりに] ※
　山梨県生まれ。東北大学大学院文学研究科博士後期課程修了。文学博士（心理学）。三重大学専任講師を経て、現在、お茶の水女子大学大学院人間文化創成科学研究科教授。異文化間教育学会理事長、コミュニティ心理学会常任理事、多文化間精神医学会理事。専門は異文化間心理学、異文化間教育。
　[主な著書]『多文化社会の葛藤解決と教育価値観』(単著、ナカニシヤ出版、2007)、『多文化社会の偏見・差別——形成のメカニズムと低減のための教育』(共編著、明石書店、2012)、『多文化共生論——多様性理解のためのヒントとレッスン』(編著、明石書店、2013)

守谷 智美（もりや ともみ）[第1章、第2章、第3章、第4章、第5章、第6章、第7章、第8章、第9章]
　岡山県生まれ。お茶の水女子大学大学院人間文化創成科学研究科博士後期課程単位取得退学。博士（人文科学）。お茶の水女子大学、早稲田大学等を経て、現在、岡山大学言語教育センター准教授。異文化間教育学会常任理事。専門は異文化間教育、日本語教育。

岩井 朝乃（いわい あさの）[第1章、第2章、第3章、第8章]
　群馬県生まれ。お茶の水女子大学大学院人間文化創成科学研究科博士後期課程在学中。漢陽女子大学（韓国）招聘教授、お茶の水女子大学、大妻女子大学、中央学院大学非常勤講師を経て、現在、弘益大学校（韓国）助教授。専門は異文化間教育、日本語教育。

朴 志仙（ぱく ちそん）[第1章、第2章、第3章、第8章]
　韓国蔚山生まれ。お茶の水女子大学大学院比較社会文化学専攻博士後期課程単位取得退学。現在、鳥取県ソウル駐在員。専門は異文化間教育、日本語教育。

沈 貞美（しむ じょんみ）[第1章]
　韓国蔚山生まれ。お茶の水女子大学大学院比較社会文化学専攻博士前期課程修了。韓国慶北大学博士後期課程単位取得退学。現在、慶北大学（韓国）非常勤講師。専門は異文化間教育、日本語教育。

楊 孟勳（やん もんしゅん）［第4章、第5章、第6章、第7章、第8章］
　台湾台南生まれ。文藻外語大学、長栄大学、南台科技大学、樹徳科技大学（台湾）非常勤講師を経て、現在、お茶の水女子大学大学院人間文化創成科学研究科博士後期課程在学中。専門は異文化間教育、日本語教育。

堀切 友紀子（ほりきり ゆきこ）［第4章、第5章、第7章、第8章］
　富山県生まれ。お茶の水女子大学大学院人間文化創成科学研究科博士後期課程単位取得退学。博士（人文科学）。タマサート大学(タイ)講師、山野日本語学校、専修大学、大妻女子大学非常勤講師を経て、現在、お茶の水女子大学グローバル教育センター講師。専門は異文化間心理学、異文化コミュニケーション。

朴 エスター（ぱく えすたー）［第9章］
　韓国ソウル生まれ。お茶の水女子大学大学院比較社会文化学専攻博士後期課程修了。人文科学博士（多文化心理教育学）。現在、檀国大学（韓国）特殊教育大学院非常勤講師。専門は、異文化間教育、異文化間心理学。

岡村 佳代（おかむら かよ）［第9章］
　静岡県生まれ。お茶の水女子大学大学院人間文化創成科学研究科博士後期課程在学中。お茶の水女子大学、専修大学非常勤講師。専門は異文化間教育、異文化間心理学。

村越 彩（むらこし あや）［第9章］
　宮城県生まれ。お茶の水女子大学大学院人間文化創成科学研究科博士後期課程在学中。お茶の水女子大学非常勤講師を経て、現在、早稲田大学非常勤インストラクター。専門は異文化間教育、日本語教育。

夏 素彦（しゃ すうやぇん）［第9章］
　中国河北省生まれ。お茶の水女子大学大学院人間文化創成科学研究科博士後期課程単位取得退学。現在、北京教育学院（中国）講師。専門は異文化間教育、異文化間心理学。

アジア諸国の子ども・若者は日本をどのようにみているか
韓国・台湾における歴史・文化・生活にみる日本イメージ

2013年10月15日　初版第1刷発行

　　　　　　　　　　　編著者　　加賀美　常　美　代
　　　　　　　　　　　発行者　　石　井　昭　男
　　　　　　　　　　　発行所　　株式会社　明石書店

　　　　　〒101-0021　東京都千代田区外神田6-9-5
　　　　　　　　　　　電　話　03 (5818) 1171
　　　　　　　　　　　ＦＡＸ　03 (5818) 1174
　　　　　　　　　　　振　替　00100-7-24505
　　　　　　　　　　　http://www.akashi.co.jp
　　　　　　　　　　　装丁　　明石書店デザイン室
　　　　　　　　　　　印刷・製本　モリモト印刷株式会社

(定価はカバーに表示してあります)　　　　　　ISBN978-4-7503-3910-8

JCOPY　〈(社) 出版者著作権管理機構　委託出版物〉
本書の無断複写は著作権法上での例外を除き禁じられています。複写される場合は、そのつど事前に、(社) 出版者著作権管理機構（電話 03-3513-6969、FAX 03-3513-6979、e-mail:info@jcopy.or.jp）の許諾を得てください。

検定版 韓国の歴史教科書 高等学校韓国史
世界の教科書シリーズ ㊴ 三橋広夫訳
パク・チュンヒョン、パク・ポミ、キム・サンギュ、イム・ヘンマン、イ・インソク、チョン・ヘヨル著
●4600円

韓国近現代の歴史 検定韓国高等学校近現代史教科書
世界の教科書シリーズ ㉔ 三橋広夫訳
韓哲昊、金基承、金仁基、趙王鎬著
●3800円

日韓共通歴史教材 学び、つながる 日本と韓国の近現代史
日韓共通歴史教材制作チーム編
●1600円

日韓共通歴史教材 朝鮮通信使 豊臣秀吉の朝鮮侵略から友好へ
日韓共通歴史教材制作チーム編
●1300円

日韓共通歴史教材 日韓交流の歴史 先史から現代まで
歴史教育研究会(日本)・歴史教科書研究会(韓国)編
●2800円

韓国の小学校歴史教科書
世界の教科書シリーズ ⑰ 三橋広夫訳
初等学校国定社会・社会科探究
●2000円

韓国の中学校歴史教科書
世界の教科書シリーズ ⑬ 三橋広夫訳
●2800円

韓国の高校歴史教科書
世界の教科書シリーズ ⑮ 三橋広夫訳
●3300円

日韓交流授業と社会科教育
谷川彰英編著
●2500円

歴史認識共有の地平 独仏共通教科書と日中韓の試み
剣持久木、小菅信子、ルオネル・バビッチ編著
●3200円

ドイツ・フランス共通歴史教科書【現代史】 1945年以後のヨーロッパと世界
世界の教科書シリーズ ㉓
P・ガイス、G・ル・カントレック監修
福井憲彦、近藤孝弘監訳
●4800円

若者に伝えたい韓国の歴史 共同の歴史認識に向けて
李元淳、鄭在貞、徐毅植著
君島和彦、國分麻里、手塚崇訳
●1800円

歴史教科書 在日コリアンの歴史
在日本大韓民国民団中央民族教育委員会企画
「歴史教科書在日コリアンの歴史」作成委員会編
●1300円

韓国の歴史を知るための66章
エリア・スタディーズ ㊺ 金両基編著
●2000円

韓国の暮らしと文化を知るための70章
エリア・スタディーズ ⑫ 舘野晢編著
●2000円

言葉のなかの日韓関係 教育・翻訳通訳・生活
徐勝、小倉紀蔵編
●2200円

〈価格は本体価格です〉

日本と朝鮮 比較・交流史入門 近世、近代そして現代
原尻英樹、六反田豊、外村大編著 ●2600円

NEWフレンドリー・コリアン[入門編] 楽しく学べる朝鮮語
石坂浩一、文珍英、李和貞著（CDブック） ●2400円

現代台湾を知るための60章[第2版]
エリア・スタディーズ34　亞洲奈みづほ ●2000円

中国の歴史と社会 中国中学校新設歴史教科書
世界の教科書シリーズ26　課程教材研究所・綜合文科課程教材研究開発中心編著 ●4800円

入門 中国の歴史 中国中学校歴史教科書
世界の教科書シリーズ5　小島晋治、並木頼寿監訳　大里浩秋、川上哲正、小松原伴子、杉山文彦訳 ●3900円

中国の歴史 中国高等学校歴史教科書
世界の教科書シリーズ11　小島晋治、大沼正博、川上哲正、白川知多訳 ●6800円

若者に伝えたい中国の歴史 共同の歴史認識に向けて
歩平、劉小萌、李長莉著　鈴木博訳 ●1800円

現代中国を知るための40章[第4版]
エリア・スタディーズ8　高井潔司他編著 ●2000円

中国の暮らしと文化を知るための40章
エリア・スタディーズ46　東洋文化研究会編 ●2000円

まんが クラスメイトは外国人 はじめて学ぶ多文化共生 20の物語
「外国につながる子どもたちの物語」編集委員会編　みなみななみ まんが ●1200円

まんが クラスメイトは外国人 入門編 多文化共生
「外国につながる子どもたちの物語」編集委員会編　みなみななみ まんが ●1200円

多文化共生キーワード事典【改訂版】
多文化共生キーワード事典編集委員会編 ●2000円

多文化共生のためのテキストブック
松尾知明 ●2400円

多文化教育がわかる事典 ありのままに生きられる社会をめざして
松尾知明 ●2800円

多文化社会日本の課題 多文化関係学からのアプローチ
多文化関係学会編 ●2400円

移民政策へのアプローチ ライフサイクルと多文化共生
川村千鶴子、近藤敦、中本博皓編著 ●2800円

〈価格は本体価格です〉

多文化共生政策へのアプローチ
近藤敦編著 ●2400円

在日外国人と多文化共生 地域コミュニティの視点から
佐竹眞明編著 ●3200円

「移民国家日本」と多文化共生論 多文化都市・新宿の深層
川村千鶴子編著 ●4800円

3・11後の多文化家族 未来を拓く人びと
川村千鶴子編著 ●2500円

マリアナ先生の多文化共生レッスン ブラジルで生まれ、日本で育った少女の物語
右田マリアナ春美 ●1800円

地球時代の日本の多文化共生政策 南北アメリカ日系社会との連携を目指して
浅香幸枝 ●2600円

多文化共生論 多様性理解のためのヒントとレッスン
加賀美常美代編著 ●2400円

異文化間教育 文化間移動と子どもの教育
佐藤郡衛 ●2500円

現代国際理解教育事典
日本国際理解教育学会編著 ●4700円

グローバル時代の国際理解教育 実践と理論をつなぐ
日本国際理解教育学会編著 ●2600円

学校と博物館でつくる国際理解教育 新しい学びをデザインする
中牧弘允、森茂岳雄、多田孝志編著 ●2800円

多文化社会の偏見・差別 形成のメカニズムと低減のための教育
加賀美常美代、横田雅弘、坪井健、工藤和宏編著 異文化間教育学会企画 ●2000円

日・韓・中三国の比較文化論
王少鋒 ●3000円

ステレオタイプとは何か 「固定観念」から「世界を理解する"説明力"」へ
C・マクガーティ、V・Y・イゼルビット、R・スピアーズ編著 国広陽子監修 有馬明恵、山下玲子監訳 ●2800円

偏見と差別の解剖
エリザベス・ヤング=ブルーエル著 栗原泉訳 明石ライブラリー113 ●9500円

世界の学校心理学事典
シェーン・R・ジマーソン、トーマス・D・オークランド、ピーター・T・ファレル編 石隈利紀、松本真理子、飯田順子監訳 ●18000円

〈価格は本体価格です〉